AF293552

Meinrad Böhl

DEUTSCHLAND 2021

Eine Risikoanalyse

© 2021 Meinrad Böhl

Verbesserte Neuausgabe der Erstausgabe vom 2. Februar 2021

Herstellung und Verlag: BoD – Books on Demand, Norderstedt

ISBN: 978-3-7534-0745-6

Bibliografische Information der Deutschen Nationalbibliothek:

Die Deutsche Nationalbibliothek verzeichnet diese Publikation in der Deutschen Nationalbibliografie; detaillierte bibliografische Daten sind im Internet über dnb.dnb.de abrufbar.

Inhalt

Einleitung

Nach dem außergewöhnlichen Verlauf des Jahres 2020 und dem neuerlichen Lockdown zum Jahreswechsel liegt zu Beginn des neuen Jahres die Frage nahe, ob sich die Situation 2021 wieder normalisieren wird oder ob 2020 nur der Auftakt zu einer längeren Krisenzeit war. Dass diese Frage sehr viele Menschen umtreibt, lässt sich leicht an den Grußkarten zu Weihnachten und Neujahr erkennen, in denen es nur wenige Schreiber versäumten, auch ihrer Hoffnung auf eine baldige Normalisierung der Verhältnisse Ausdruck zu verleihen. Da Grußkartentexte jedoch genrebedingt keine ausführlichen Erörterungen enthalten, sondern vor allem aus kurzen Floskeln bestehen, dürften die Gründe, auf welche die Autoren ihre Hoffnung auf eine baldige Normalisierung gestützt haben mögen, für die Empfänger zumeist im Dunkeln geblieben sein. Der eine oder andere Schreiber mag sie vielleicht mit Formulierungen wie „nun, da ein Impfstoff verfügbar ist" oder „wenn es im Frühling wieder wärmer wird" vage angedeutet haben, für mehr bietet eine Grußkarte aber weder Platz noch Anlass. Dabei ist die Frage nach den Gründen die alles entscheidende: Darf ich mir begründet Hoffnung machen, dass alles bald wieder normal ist? Oder sprechen bessere Gründe gegen diese Hoffnung? Sollte ich mich also darauf einstellen, dass Krise und Ausnahmezustand noch eine ganze Weile andauern werden?

Bei der Beantwortung dieser Frage(n) kann man sich entweder auf sein Bauchgefühl verlassen oder nach Werkzeugen suchen, die eine stärker rationale Entscheidung ermöglichen. Für Letzteres bietet sich die Risikoanalyse an. Sie wird im Projektmanagement angewendet, um alle Risiken, die das plangemäße Erreichen der angestrebten Projektziele gefährden, möglichst früh zu identifizieren, zu bewerten und nach Möglichkeit abzuwenden bzw. in ihren Auswirkungen abzumildern. Zwar sieht die Methode vor, neben den Risiken auch die Chancen zu betrachten, die, wenn sie ergriffen werden, dafür sorgen, dass die Projektziele schneller bzw. kostengünstiger erreicht werden oder dass eine qualitativ höherwertige Leistung erbracht werden kann, in der Praxis konzentriert sich die Analyse jedoch überwiegend auf die Betrachtung der Risiken.

Alle identifizierten Risiken werden auf ihre Eintrittswahrscheinlichkeit und ihre Auswirkungen auf die Projektziele hin untersucht. Meist bewertet man sie hierzu auf einer Skala von 1 (sehr unwahrscheinlich bzw. sehr geringe Auswirkung) bis 5 (sehr wahrscheinlich bzw. sehr große Auswirkung).

Skala		Wahrschein-lichkeit	Auswirkung auf die Projektziele		
			Zeit	Kosten	Leistung
5	sehr hoch	> 70 %	> 6 Monate	> 5 Mio. €	sehr signifikante Auswirkung auf die Gesamtfunktionalität
4	hoch	51-70 %	3-6 Monate	1-5 Mio. €	signifikante Auswirkung auf die Gesamtfunktionalität
3	mittel	31-50 %	1-3 Monate	0,501-1 Mio. €	einige Auswirkung auf zentrale Funktionalitäten
2	niedrig	11-30 %	1-4 Wochen	0,1-0,5 Mio. €	geringe Auswirkung auf die Gesamtfunktionalität
1	sehr niedrig	1-10 %	< 1 Woche	< 0,1 Mio. €	geringe Auswirkung auf weniger bedeutsame Funktionalitäten

Abbildung 1: Beispielskala für die Bewertung der Eintrittswahrscheinlichkeit und der Auswirkung von Risiken (in Anlehnung an PMI: PMBOK Guide [6]2017, S. 407)

Die Ergebnisse der Bewertung werden gewichtet – die Wahrscheinlichkeiten arithmetisch, die Auswirkungen exponentiell – und anschließend miteinander multipliziert. Für die daraus resultierende Gesamtzahl wird mittels einer Matrix (s. Abb. 2) die Kritikalität des Risikos bestimmt: 0,5–7 = gering (Farbe: grün); 8–20 = mittel (Farbe: gelb); 24–72 = hoch (Farbe: rot).

Sodann wird geprüft, welche Strategie beim Umgang mit den einzelnen Risiken zur Anwendung kommen soll:

— Risiko vermeiden, z. B. durch eine Planänderung;
— Risiko akzeptieren, d. h. nichts weiter unternehmen;
— Risiko abmildern, indem Maßnahmen zur Reduzierung der Eintrittswahrscheinlichkeit und/oder der Auswirkungen ergriffen werden; oder

— Risiko transferieren, z. B. durch den Abschluss einer Versicherung.

Die Risiken werden zusammen mit ihren Bewertungen und Antwortstrategien in ein Risikoregister eingetragen und in regelmäßigen Abständen überprüft. Bei der Überprüfung werden neu erkannte Risiken ergänzt und alte Risiken, die sich erledigt haben – sei es, weil sie eingetreten sind, sei es, weil das Projekt den Punkt, an dem sie den Fortschritt gefährdet hätten, unbeschadet überschritten hat –, entfernt.

Aus der Gesamtheit der aktiven Risiken im Risikoregister ergibt sich das jeweils aktuelle Risikoprofil eines Projekts, das es dem Projektmanager erlaubt, das Gesamtrisiko seines Projekts einzuschätzen. Sind keine, keine nennenswerten oder allenfalls gut beherrschbare Risiken vorhanden, stehen die Chancen gut, dass das Projekt planmäßig abgeschlossen werden kann.

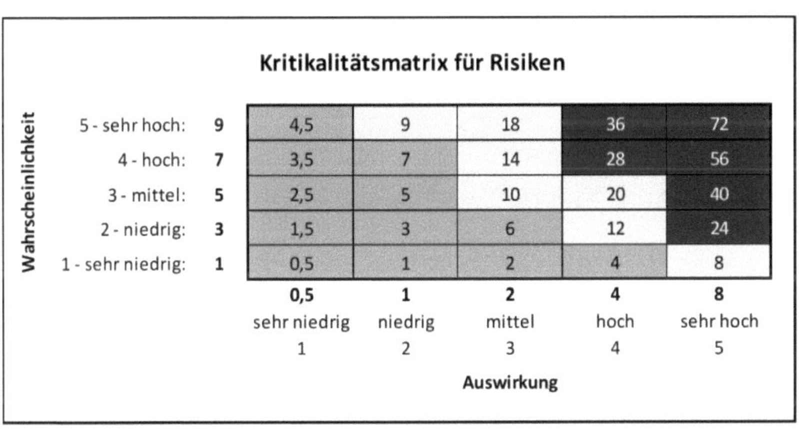

Abbildung 2: Beispielmatrix für die Kritikalitätsbewertung von Risiken (in Anlehnung an PMI: PMBOK Guide ⁶2017, S. 408)

Eine solche Risikoanalyse soll im Folgenden für das fiktive Projekt „Deutschland 2021" durchgeführt werden, dessen Projektziel die Rückkehr Deutschlands zur Normalität ist. Mit „Rückkehr zur

Normalität" ist dabei die Wiederherstellung desjenigen Zustands gemeint, der vor der Coronakrise in Deutschland geherrscht hat, keine wie auch immer geartete „neue Normalität", die ja nach allem, was sie dem Vernehmen nach beinhalten soll – Maskenpflicht im öffentlichen Raum, Abstandsregeln, Begrüßung ohne Handschlag, verringerte Reisetätigkeit, vermehrtes Arbeiten von zu Hause aus etc. – auch nur eine Perpetuierung der Krise wäre.

Das fiktive Projektteam soll aus einer Handvoll Bürgern bestehen, die sich zusammengeschlossen haben, um Wege zu finden, wie sie den Ausnahmezustand in Deutschland mit legalen Mitteln beenden und den Einwohnern Deutschlands wieder ein Leben wie vor der Coronakrise ermöglichen können. Zur Beurteilung ihrer Erfolgsaussichten führen sie eine Risikoanalyse durch. Am Ergebnis dieser Risikoanalyse wird sich ablesen lassen, ob die Hoffnung auf ein „besseres" 2021 im Sinne einer Beendigung des Ausnahmezustands unter Risikogesichtspunkten berechtigt ist oder nicht.

1. Gesundheitliche Risiken

Risiko 1: Coronavirus

Das offensichtlichste Risiko für eine baldige Rückkehr Deutschlands
zur Normalität der Zeit vor 2020 ist das Coronavirus SARS-CoV-2.
Unter dem Gesundheitsaspekt sind hier zwei Risiken zu
unterscheiden:

1. sich mit dem Virus (SARS-CoV-2) zu infizieren;
2. an der durch diese Infektion ausgelösten Krankheit (COVID-
   19) zu sterben.

Die Risiken bauen aufeinander auf und können daher zusammen
betrachtet werden.

Die Eintrittswahrscheinlichkeit des Infektionsrisikos hängt von
verschiedenen Faktoren ab:

- Jahreszeit: kalte und trockene Luft sowie geschlossene
  Räume begünstigen die Übertragung;
- Anzahl der sozialen Kontakte und damit der
  Ansteckungsmöglichkeiten;
- Immunität durch Impfung oder durchgestandene
  Vorinfektion(en).

Die Eintrittswahrscheinlichkeit des Sterberisikos hängt ebenfalls von
verschiedenen Faktoren ab:

- Alter des Infizierten;
- Art und Anzahl der Vorerkrankungen;
- Zustand des Immunsystems;
- zeitlicher Abstand zu einer möglichen Vorinfektion;
- Impfstatus.

Für eine Abschätzung der Eintrittswahrscheinlichkeit des Infektionsrisikos lohnt sich der Blick auf das Jahr 2020. Eingeschleppt wurde das Virus im Januar. Ohne Schutz durch Impfstoff oder Herdenimmunität wurden bis Ende 2020 rund 1,76 Mio. Menschen positiv getestet (Quelle: Statista, Stand: 31.12.2020). Bei einer Bevölkerungsgröße von rund 83,2 Mio. entspricht dies einem Anteil von 2,1 %. Gegenüber dem *ARD-faktenfinder* (Bericht vom 10.12.2020 auf tagesschau.de) schätzte RKI-Präsident Lothar Wieler die Dunkelziffer bei den Coronainfektionen auf das Vier- bis Sechsfache der Zahl der positiv Getesteten. Die Gesamtinfektionsrate des Jahres 2020 läge demnach zwischen 8,4 % und 12,6 %. Setzt man den Mittelwert von 10,5 % an, liegt man recht nah an dem Wert von 10 %, den die WHO im Herbst 2020 als globalen Durchschnittswert angegeben hat.

Im Jahr 2020 lag das Infektionsrisiko in Deutschland inklusive Dunkelziffer somit bei etwas über 10 %. Für 2021 gibt es sowohl Gründe, die für ein erhöhtes Infektionsrisiko sprechen, als auch Gründe, die eher ein reduziertes Infektionsrisiko vermuten lassen. Für ein erhöhtes Infektionsrisiko spricht zum einen, dass zu Jahresbeginn die Infiziertenrate nicht wie 2020 bei 0 %, sondern bei 0,45 % lag. Am 1. Januar 2021 gab es laut Statista 377'206 aktive Fälle, die potenziell alle für die Weiterverbreitung des Virus sorgen konnten. Zum anderen ist eine Mutation des Virus aufgetaucht, B.1.1.7, die als deutlich ansteckender angesehen wird als die bisher bekannten Varianten. Sollte sie auch in Deutschland Verbreitung finden, dürften sich deutlich mehr Menschen in erheblich kürzerer Zeit mit dem Virus anstecken und so für einen steileren Anstieg der Infektionskurve als im letzten Jahr sorgen.

Für eine Verminderung des Infektionsrisikos spricht hingegen, dass aufgrund natürlicher Immunität aus bereits durchgestandenen Infektionen und wegen der nun gestarteten Impfkampagne weniger Personen für eine Neuinfektion zur Verfügung stehen. Wie hoch diese Minderung ausfallen wird, hängt von verschiedenen Faktoren ab: bei der Impfung von Impfbereitschaft, Impfgeschwindigkeit und Wirksamkeit des Impfstoffs; bei der natürlichen Immunität von der Dauer ihres Anhaltens; bei beiden von der Mutationsgeschwindigkeit des Virus, die alle Immunisierungsbestrebungen konterkarieren könnte. Unabhängig davon bewirken gleichwohl kontaktreduzierende Maßnahmen wie Lockdowns eine Verminderung des Infektionsrisikos.

Die Vielzahl der Faktoren und die vielen Unbekannten in der Gleichung machen eine Abschätzung des Gesamtinfektionsrisikos schwierig. Da keine besseren Informationen vorliegen, soll hier davon ausgegangen werden, dass sich risikoverstärkende und risikomindernde Faktoren in etwa die Waage halten werden. *Damit würde das Infektionsrisiko für 2021 in Deutschland erneut bei knapp über 10 % liegen, also bei „sehr niedrig" im Sinne der Risikobewertung (die Stufe „niedrig" beginnt erst bei 11 %) bzw. einem Skalenwert von 1 (gewichtet: ebenfalls 1).*

Das bedeutet nicht, dass es keine Personengruppen mit einem erhöhten Infektionsrisiko gibt, z. B. Ärzte, Krankenhausmitarbeiter oder die Pflegekräfte und Bewohner von Alten- und Seniorenheimen. Und das heißt auch nicht, dass das Infektionsrisiko in den kälteren Monaten nicht höher sein wird als in den wärmeren, wenn sich die Leute vermehrt im Freien aufhalten, wo eine Übertragung des Virus deutlich unwahrscheinlicher ist als in geschlossenen Räumen. Das bedeutet lediglich, dass sich auf das ganze Jahr 2021 gesehen voraussichtlich keine gravierend andere Infiziertenrate als 2020 ergeben wird, sondern dass diese wiederum bei insgesamt ca. 10–11 % liegen wird.

In Anbetracht der Tatsache, dass in den ersten 27 Tagen des Jahres 2021 schon 419'000 Personen positiv getestet wurden, mag diese Prognose überraschen. Immerhin hat es im gesamten Jahr 2020 nur

1,76 Mio. positive Coronatests in Deutschland gegeben. Doch ist hier zweierlei zu berücksichtigen: zum einen der saisonale Aspekt, zum anderen die oben geschilderten ausbreitungsmindernden Faktoren, deren Wirkung im Verlauf der nächsten Monate zunehmen wird. Eine lineare Hochrechnung der bisherigen Zahlen für 2021 dürfte jedenfalls zu einem falschen Ergebnis führen. Zur Jahresmitte wird sich das Infektionsrisiko 2021 vermutlich besser einschätzen lassen.

Ein weiterer Aspekt soll hier zumindest Erwähnung finden, auch wenn er nicht vertieft wird: Der Coronatest selbst scheint kein verlässlicher Indikator für das tatsächliche Infektionsgeschehen zu sein. Das bei dem in Deutschland üblichen RT-PCR-Test angewandte Verfahren ist ausweislich einer Gruppe von 22 Wissenschaftlern, die es einer Peer Review unterzogen und ihr Ergebnis am 27. November 2020 veröffentlicht haben, ausgesprochen problembehaftet und weder dazu geeignet, SARS-CoV-2 eindeutig zu identifizieren und damit sein Vorhandensein zweifelsfrei nachzuweisen, noch eine Unterscheidung zwischen vollständigen (und potenziell infektiösen) Viren und bloßen Virenfragmenten (ohne Infektionspotenzial) zu treffen. Aufgrund seines Testdesigns neigt dieser Coronatest ferner dazu, falsche positive Ergebnisse, sog. *false positives*, zu erzeugen. Die Autoren des Peer-Review-Berichts fordern daher auch die Rücknahme des in der Fachzeitschrift *Eurosurveillance* erschienenen Artikels, in dem der Corona-RT-PCR-Test am 23. Januar 2020 vorgestellt wurde (Co-Autor des Artikels und damit Miterfinder des kritisierten Testverfahrens ist übrigens der mittlerweile hinlänglich bekannte Berliner Charité-Virologe Christian Drosten).

Zudem, und damit wollen wir die Betrachtung des Infektionsrisikos denn auch abschließen, verändert sich die Testintensität über die Zeit. Wo mehr getestet wird, kommt es zwangsläufig auch zu mehr (im Zweifel falsch) positiven Ergebnissen. Auch kann dann nicht mehr ohne Weiteres von einer gleich hohen Dunkelziffer wie zu Zeiten geringeren Testvolumens ausgegangen werden. Ein Anstieg in der

Anzahl der positiven Tests muss also keineswegs mit einer steigenden Anzahl tatsächlicher Neuinfektionen einhergehen.

Betrachten wir nun die Auswirkungen, die eine in etwa gleichbleibende Infektionsrate im Jahr 2021 hätte. Geht man von der oben als Mittelwert festgestellten Infektionsrate von 10,5 % aus, so sind im Verlauf des Jahres 2020 in Deutschland ca. 8,74 Mio. Menschen mit SARS-CoV-2 in Kontakt gekommen. Von diesen 8,74 Mio. haben grob 34'000 den Kontakt nicht überlebt (laut Statista waren es am 31.12.2020 genau 33'791). Das entspricht einer Sterberate von 0,39 % und damit dem Doppelten bis Vierfachen der saisonalen Grippe (0,1–0,2 %). Umgekehrt heißt das allerdings auch, dass die Überlebensrate in Deutschland im Jahr 2020 bei 99,6 % lag.

Für 2021 zeichnet sich eine Erhöhung der Sterberate ab. Zwischen dem 1. und dem 27. Januar gab es auf 419'000 neue Testpositive rund 20'700 Sterbefälle „an und mit" Corona, was einem Anteil von 4,9 % bzw., Dunkelziffer eingerechnet, knapp 1 % entspricht. Sollte sich dieser Wert im Jahresverlauf bestätigen, wäre das im Vergleich zum Vorjahr oder auch zum Influenzavirus hoch. Verglichen allerdings mit hochgradig tödlichen Viren wie bspw. Ebola, wo die Überlebensrate bei rund 50 % liegt, ist eine Letalität von 1 % immer noch ausgesprochen moderat. Aber wie dem auch sei, *auch bei einer Erhöhung der Sterbefälle liegt das Sterberisiko immer noch deutlich unter 10 % und damit im sehr geringen Bereich (Skalenwert 1, gemittelt: 1).*

Bestätigen lässt sich dieses Ergebnis, indem man die Zahl der Coronatoten ins Verhältnis zur Anzahl der jährlichen Gesamtsterbefälle setzt, die man als das normale „Grundrauschen" betrachten kann. 2015–2019 starben in Deutschland im Schnitt jedes Jahr rund 932'500 Menschen; das sind 77'700 pro Monat oder 2'550 pro Tag. Das Jahr mit den meisten Sterbefällen in diesem Zeitraum war 2018, als es aufgrund einer ungewöhnlich starken Grippewelle im März über 107'000 Sterbefälle gab und übers ganze Jahr insgesamt 954'874 Menschen starben. Der Monatsdurchschnitt betrug damals 79'573 Sterbefälle.

Die Zahlen für 2020 liegen zwar noch einmal deutlich über denen von 2018. Es starben durchschnittlich 81'874 Menschen pro Monat, insgesamt 982'489 (so die vorläufigen Zahlen vom 29.01.2021, Quelle: Statistisches Bundesamt). Allein dem Coronavirus ist dies aber nicht geschuldet. Zieht man nämlich von den 982'489 die 33'791 Coronatoten ab, verbleiben immer noch 948'698 Sterbefälle. Das sind nicht nur deutlich mehr als im Mittel der letzten fünf Jahre, sondern fast ebenso viele wie im „Rekordjahr" dieses Zeitraums, 2018. Es muss also noch andere Faktoren gegeben haben, die die Zahl der Toten im vergangenen Jahr in die Höhe getrieben haben.

Aber bleiben wir beim Coronavirus. In Bezug auf die 982'489 Sterbefälle von 2020 entsprechen die 33'791 Coronatoten einem Anteil von 3,4 %. Umgekehrt formuliert: 96,6 % der Toten des Jahres 2020 starben *nicht* „an oder mit" COVID-19. Um dies ein wenig einzuordnen: Nach der letzten verfügbaren Statistik bildeten im Jahr 2018 „Krankheiten des Kreislaufsystems" mit 36,16 % die mit Abstand häufigste Todesursache in Deutschland. Bei den damals 954'874 Sterbefällen waren das immerhin etwas mehr als 345'000 Tote. Von solchen Dimensionen ist COVID-19 um den Faktor 10 entfernt.

Gleichwohl gibt es altersmäßige Unterschiede bei der Gefährlichkeit der neuen Krankheit. So stellen die Unter-60-Jährigen mit 1'313 Toten gerade einmal 3,7 % der 35'452 Coronatoten, die zum Stichtag 5. Januar 2021 statistisch erfasst waren (Quelle: Statista; leider ließen sich keine nach Altersgruppen gegliederten Daten zum Stichtag 31.12.2020 finden, sodass die Gesamtzahl hier über den o. gen. 33'791 Coronatoten des Kalenderjahres 2020 liegt). Für sie besteht demnach kaum ein Sterberisiko. Erhöht scheint es in dieser Gruppe lediglich für Personen mit chronischen Vorerkrankungen oder (krankheitsbedingten) Immunschwächen zu sein.

Anders sieht es bei den 96,3 % Coronatoten im Alter von 60 oder mehr Jahren und insbesondere bei den 68,8 % der Über-80-Jährigen aus. Wie der Blick auf die sog. Fall-Verstorbenen-Rate zeigt, steigt die Wahrscheinlichkeit, COVID-19 nicht zu überleben, mit zunehmendem Alter erheblich an. Das Robert-Koch-Institut (RKI) schreibt dazu auf seiner Institutswebsite in dem dort veröffentlichten *Epidemiologischen Steckbrief zu SARS-CoV-2 und COVID-19* (Stand: 25.01.2021):

Für die Berechnung des Fall-Verstorbenen-Anteils (engl. case fatality rate, CFR) teilt man die Zahl der gemeldeten verstorbenen Fälle durch die Zahl der gemeldeten Fälle in einer Population. […] während der Fall-Verstorbenen-Anteil bei Erkrankten bis etwa 50 Jahren unter 0,1 % liegt, steigt er ab 50 Jahren zunehmend an und liegt bei Personen über 80 Jahren häufig über 10 %.

In dem ebenfalls vom RKI herausgegebenen *Epidemiologischen Bulletin* Nr. 2/2021 vom 14. Januar 2021 wird die Lage in Deutschland mit Stand vom 8. Dezember 2020 zum einen detailliert beschrieben und zum anderen mit einer Graphik eindrucksvoll dargestellt. Hier zunächst der Text:

Insgesamt wurden bis zum 08.12.2020 19'342 COVID-19-Todesfälle an das RKI übermittelt. Von den Todesfällen sind 16'851 (87 %) Personen 70 Jahre und älter; das mediane Alter der Verstorbenen beträgt 83 Jahre […]. Der extrem hohe Anteil an Todesfällen bei den ≥ 70-Jährigen wird deutlich, wenn man im Vergleich dazu ihren Anteil von 13 % an der Gesamtzahl der übermittelten COVID-19-Fälle betrachtet.

Der Anteil verstorbener Personen an allen übermittelten COVID-19-Fällen liegt bei den ≤ 59-Jährigen unter 0,3 %. Die Zahl der

Verstorbenen nimmt mit zunehmendem Alter kontinuierlich zu und steigt von 1,6 % bei den 60–69-Jährigen, auf 5,8 % bei den 70–79-Jährigen, auf 12,0 % bei den 80–89-Jährigen und 15,6 % bei den ≥ 90-Jährigen an (s. Abb. 5).

Und hier die zugehörige Graphik:

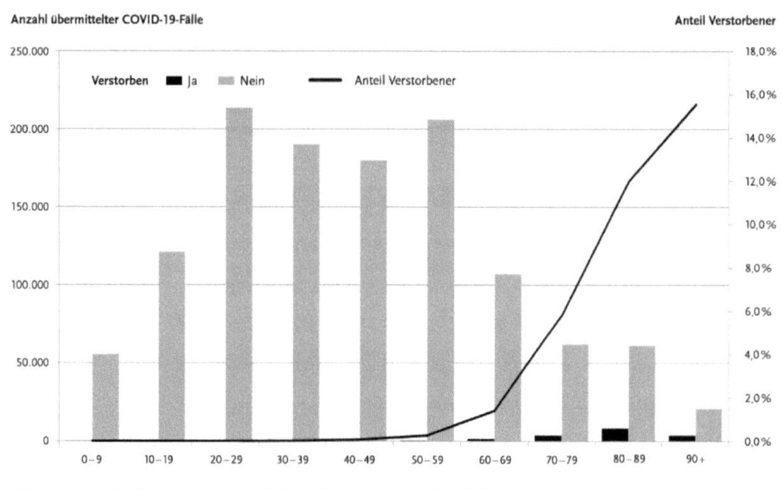

Abb. 5 | Relativer Anteil der verstorbenen COVID-19-Fälle in Deutschland nach Altersgruppen (Stand 08.12.2020)

Abbildung 3: Fall-Verstorbenen-Anteil nach Altersgruppen (Quelle: Epidemiologisches Bulletin Nr. 2/2021 (14.01.2021), S. 16)

Zusätzlich zu dem mit zunehmendem Alter immer stärker ansteigenden Sterberisiko macht der Vergleich mit den Fallzahlen außerdem deutlich, dass auch im hohen Alter von 80 oder mehr Jahren eine Infektion mit dem Coronavirus (bzw. ein positives Testergebnis) noch lange kein Todesurteil bedeutet. 88 % aller 80–89-Jährigen und 84 % aller Über-90-Jährigen überlebten die Infektion mit SARS-CoV-2.

Nun ist eine Kurve wie die obige keine Überraschung. Mit zunehmendem Alter steigt das Sterberisiko generell, auch unabhängig von einer Virusinfektion. Zugleich bedeutet eine

20

Infektion wegen des schwächer werdenden Immunsystems im Alter eine größere Gefahr als in jungen Jahren. Es sollte daher nicht verwundern, wenn sich dies in der Altersstruktur der „an und mit" Corona Verstorbenen in der Form niederschlagen würde, dass vergleichsweise mehr Alte unter den Toten sind als im Durchschnitt eines „normalen" Jahres der Zeit „vor Corona".

Die folgende Tabelle zeigt einen solchen Vergleich. Als Referenzjahre wurden die Jahre 2018 und 2019 herangezogen. 2019 repräsentiert ein Jahr ohne außergewöhnliche Krankheitsphänomene, 2018 ein Jahr mit einer starken Grippewelle im Frühjahr.

Tabelle 1: Vergleich der Sterbefälle „an und mit" Corona 2020 (Daten gemäß Statista, Stichtag: 5.1.2021) mit allen Sterbefällen 2018 und 2019 (Daten gemäß Statistischem Bundesamt)

Altersgruppe	Coronatote 2020		Sterbefälle 2019		Sterbefälle 2018	
	absolut	prozentual	absolut	prozentual	absolut	prozentual
0–49 Jahre	354	1,0 %	29'634	3,2 %	30'892	3,2 %
50–59 Jahre	959	2,7 %	56'967	6,1 %	59'106	6,2 %
60–69 Jahre	2'737	7,7 %	114'470	12,2 %	115'244	12,1 %
70–79 Jahre	7'011	19,8 %	202'955	21,6 %	212'737	22,3 %
80–89 Jahre	16'471	46,5 %	350'365	37,3 %	350'756	36,7 %
90+ Jahre	7'920	22,3 %	185'129	19,7 %	186'139	19,5 %
Summe	**35'452**	**100 %**	**939'520**	**100 %**	**954'874**	**100 %**

Drei Dinge fallen bei der prozentualen Verteilung der Sterbefälle auf:

1. die in allen Altersgruppen fast identischen Prozentwerte bei den Sterbefällen der Jahre 2018 und 2019 – an der Grippe scheinen einfach nur mehr Menschen gestorben zu sein als sonst, es war keine Altersgruppe stärker betroffen als die anderen;
2. der bei den Coronatoten gegenüber 2018 und 2019 deutlich geringere Anteil Verstorbener in den Altersgruppen bis 79 Jahre;

3. der bei den Coronatoten gegenüber 2018 und 2019 deutlich erhöhte Anteil Verstorbener in der Gruppe der Über-80-Jährigen.

Man sieht: Für sehr alte Menschen ist das Coronavirus eine veritable Gefahr. Nicht zufällig ereignet sich die Mehrzahl der Todesfälle im Zusammenhang mit dem Coronavirus nicht in den Krankenhäusern, sondern in den Alten- und Pflegeheimen.

Wie die nachfolgende Aufstellung zeigt, hat sich an diesem Befund auch im neuen Jahr nichts geändert. Trotz des in absoluten Zahlen massiven Zuwachses an Coronatoten (+17'375) ist die Altersverteilung nahezu gleich geblieben.

Tabelle 2: Vergleich der Sterbefälle „an und mit" Corona zum Stichtag 26.1.2021 und 5.1.2021 (Daten gemäß Statista) mit allen Sterbefällen des Jahres 2020 (Daten gemäß Statistischem Bundesamt)

Altersgruppe	Coronatote 26.1.2021		Coronatote 5.1.2021		Sterbefälle 2020	
	absolut	prozentual	absolut	absolut	absolut	prozentual
0–49 Jahre	442	0,8 %	354	1,0 %	30'892	3,2 %
50–59 Jahre	1'368	2,6 %	959	2,7 %	59'106	6,2 %
60–69 Jahre	3'944	7,5 %	2'737	7,7 %	115'244	12,1 %
70–79 Jahre	10'171	19,3 %	7'011	19,8 %	212'737	22,3 %
80–89 Jahre	24'730	46,8 %	16'471	46,5 %	350'756	36,7 %
90+ Jahre	12'172	23,0 %	7'920	22,3 %	186'139	19,5 %
Summe	**52'827**	**100 %**	**35'452**	**100 %**	**954'874**	**100 %**

Aus dem Vergleich der absoluten Zahlen in dieser Gegenüberstellung lässt sich eine weitere Erkenntnis gewinnen: Als Todesursache rangiert Corona in allen Altersgruppen unter ferner liefen. Auch bei den Älteren starb die übergroße Mehrheit nicht „an und mit" Corona, sondern an irgendwelchen anderen Leiden.

Bezogen auf die derzeitige Gesamtbevölkerung von ca. 83,2 Mio. ergibt sich aus dem Gesagten, dass das Coronavirus für die ca. 29 % der Über-60-Jährigen ein weiteres, mit zunehmendem Alter durchaus erhebliches Sterberisiko darstellt. Für den Fall, dass sich vermehrt alte Menschen infizieren, ist für 2021 daher auch mit mehr Toten in absoluten und relativen Zahlen zu rechnen. Für die ca. 71 % der Bevölkerung umfassende Gruppe der Unter-60-Jährigen bedeutet das Coronavirus hingegen kein allzu großes Gesundheitsrisiko. Das Risiko, „an oder mit" Corona zu sterben, liegt in dieser Altersgruppe noch unter dem ohnehin schon geringen allgemeinen Sterberisiko. Gefährdet dürften hier vor allem Personen mit entsprechenden Vorerkrankungen sein.

Gemessen an der Zahl der Gesamtsterbefälle ist das Risiko, „an oder mit" Corona zu sterben, somit sehr gering. Wie gesehen, beträgt es gerade einmal 3,4 %. Wir können daher unseren obigen Befund als bestätigt ansehen und seine Eintrittswahrscheinlichkeit bei der Risikobewertung mit „sehr niedrig" (Skalenwert 1, gewichtet: 1) angeben. Bei den hohen Sterbezahlen von über 1'000 Personen pro Tag um den Jahreswechsel 2020/21 herum ist davon auszugehen, dass sie den Scheitelpunkt einer Welle markieren.

Was nun die Auswirkungen des Gesundheitsrisikos Coronavirus SARS-CoV-2 auf das Projekt „Deutschland 2021" und die Rückkehr Deutschlands zur Normalität betrifft, so sind diese in der Praxis zwar enorm, da die Aufrechterhaltung des Ausnahmezustands sowohl mit den tatsächlichen als auch mit den befürchteten zukünftigen Infektions- und Sterbezahlen gerechtfertigt wird. Allein unter dem Gesundheitsaspekt betrachtet – und nur dieser soll uns im Rahmen der Analyse dieses ersten Risikos interessieren –, besteht jedoch kein Grund, wegen SARS-CoV-2 nicht zur Normalität zurückzukehren. Gestorben wird ab einem bestimmten Alter immer, und COVID-19 trägt nach allem, was sich erkennen lässt, nur in geringem Umfang zum Gesamtsterbeaufkommen bei. Gewiss stellt es eine ernstzunehmende Bedrohung für ältere Menschen dar, weshalb Maßnahmen zu deren besonderem Schutz gerechtfertigt sind. Eine „epochale Bedrohung" (Markus Söder am 3.1.2021 gegenüber der *Bild*-Zeitung) der Volksgesundheit bzw. eine „epidemische Lage von nationaler Tragweite" (Gesetz zum Schutz der Bevölkerung) lässt sich aus den Zahlen jedoch nicht ablesen. Wie oben gesehen, gibt es mit den Herz- und Kreislauferkrankungen erheblich schwerwiegendere Gesundheitsgefahren, ohne dass dies bisher zu vergleichbaren Eingriffen in den Alltag geführt hätte.

Die Notwendigkeit der ergriffenen Maßnahmen wird aber nicht nur mit der von SARA-CoV-2 ausgehenden Gesundheitsgefahr begründet, sondern auch mit der Befürchtung, dass es ohne die Maßnahmen zu einer Überlastung des Gesundheitswesens und insbesondere der Krankenhäuser bzw. der Intensivstationen kommen werde. Mit dieser Begründung ging Deutschland im November 2020 in den zweiten Lockdown, den sog. „Wellenbrecher"-Lockdown. Sieht man sich jedoch die Zahlen an, erscheint es fraglich, ob die Krankenhäuser durch Coronapatienten tatsächlich an ihre Kapazitätsgrenze gebracht werden.

Nach Angaben des Robert-Koch-Instituts (Stand: 8.1.2021) werden ca. 7 % der Fälle in Deutschland hospitalisiert, wovon ca. 14 % eine intensivmedizinische Behandlung benötigen. Am 11. Dezember 2020, wenige Tage vor Inkrafttreten des bundesweiten „harten" Lock-downs, waren in Deutschland 85 % (20'686) der Intensivbetten belegt, allerdings nur 21 % (4'414) davon durch Coronapatienten (alle Zahlen zur Intensivbettenbelegung nach DIVI-Intensivregister). Die Deutsche Krankenhausgesellschaft rechnete bis Ende des Jahres mit einem Anstieg um rund 600 auf dann etwa 5'000 Coronaintensiv-patienten, was bei einer damals freien Kapazität von 3'730 Betten zumindest für den Laien auf den ersten Blick als unkritisch erscheint. Tatsächlich waren am 31.12.2020 genau 5'623 Coronapatienten in intensivmedizinischer Behandlung, also deutlich mehr als angenommen. Allerdings waren insgesamt nur noch 20'031 Intensiv-betten belegt. Der Anteil der Coronapatienten war also gestiegen, die Anzahl der Intensivpatienten und damit die Auslastung der Intensivkapazitäten aber gesunken.

Was auf den ersten Blick merkwürdig erscheint, erweist sich beim Blick auf die übergeordneten Trends als der Regelfall.

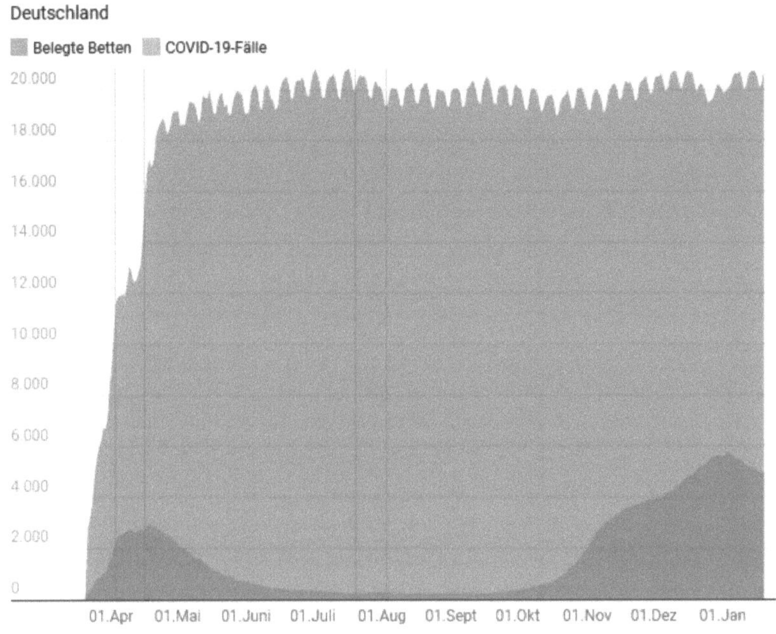

Abbildung 4: Anzahl der COVID-19-Patienten an den belegten Intensivbetten (Quelle: DIVI-Intensivregister, Stand: 19.01.2021)

Anhand der Zahlen, die DIVI-Intensivregister berichtet (Abb. 4), sind zwei Trends erkennbar. Zum einen ist die Belegung der Intensivbetten erstaunlich konstant. Seit ca. vier Wochen nach Beginn der Meldepflicht am 16. April 2020 – d. h. nachdem die Anlaufschwierigkeiten beim Melden behoben waren – schwankt die Belegung deutschlandweit konstant zwischen 19'000 und 21'000 Betten. Jeder Wert dazwischen kann somit als „normale" Auslastung angesehen werden. Zum anderen ist kein Zusammenhang zwischen der Bettenbelegung und der Anzahl intensivmedizinisch zu betreuender COVID-19-Fälle zu erkennen. Anders formuliert: In dem

25

Maß, in dem mehr Coronapatienten auf die Intensivstationen kommen, gibt es weniger andere Intensivpatienten.

Eine schnelle Begründung für diesen Trend wäre, dass die Intensivstationen bei bevorstehenden Coronawellen entsprechend Kapazitäten freihalten, also Patienten, die zur Not auch auf der Normalstation behandelt werden können, unter normalen Umständen aber auf die Intensivstation verlegt worden wären, nicht mehr zulassen. Wie jedoch Abbildung 5 zeigt, sind zu jedem Zeitpunkt des Berichtszeitraums ausreichend freie Kapazitäten verfügbar gewesen, zudem noch eine üppige Notfallreserve.

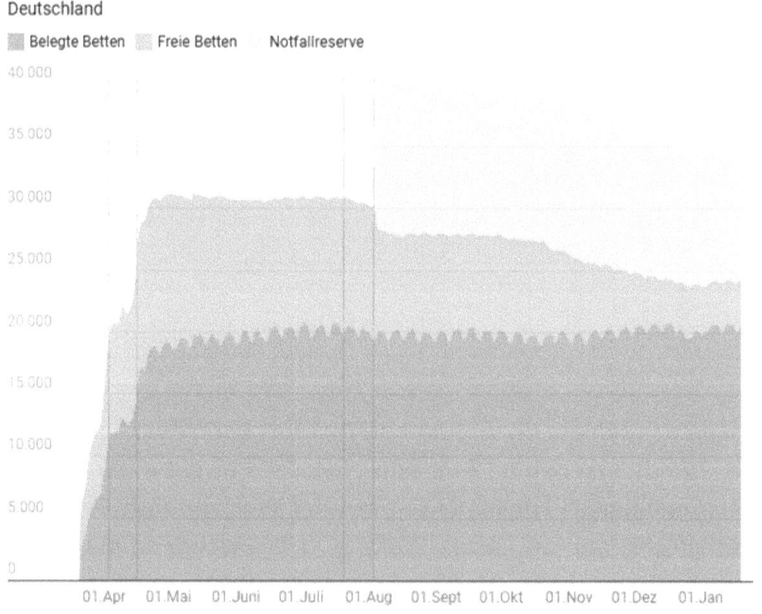

Abbildung 5: Gesamtzahl gemeldeter Intensivbetten und der Notfallreserve (Quelle: DIVI-Intensivregister, Stand: 19.01.2021)

Die Krankenhäuser sind bettentechnisch nie an ihre Auslastungsgrenze gegangen. Vielleicht hat die Belegungsobergrenze von ca. 21'000 Betten also eher mit Personalengpässen zu tun. Oder die

Intensivbetten werden in Zeiten mit weniger COVID-19-Fällen vermehrt mit Patienten belegt, deren Erkrankungen einen Aufenthalt auf der Intensivstation nicht zwingend erforderlich machen würden, die aber dorthin verlegt werden, um die Auslastung und damit die Finanzierung der Intensivstationen sowie des Krankenhausbetriebs aufrechtzuerhalten.

Einen Unsicherheitsfaktor für die Bewertung der Auswirkungen der Pandemie bildet der Anteil derjenigen, die von einer COVID-19-Erkrankung Langzeitfolgen davontragen. Wie viele dies sind, lässt sich derzeit nicht eindeutig bestimmen. Aus Wuhan wurde jüngst bekannt, dass drei Viertel aller hospitalisierten COVID-19-Patienten auch ein halbes Jahr nach ihrer Entlassung aus dem Krankenhaus noch mit mindestens einem Symptom zu kämpfen hatten, insbesondere – ähnlich dem chronischen Erschöpfungssyndrom – mit Müdigkeit und Muskelschwäche.

Nimmt man die mediale Berichterstattung zum Maßstab, scheint es in Deutschland eine vergleichbar hohe Zahl solcher Fälle nicht zu geben. Nach Angaben des Robert-Koch-Instituts (Stand: 8.1.2021) liegen verlässliche, repräsentative Daten zum Anteil der Erkrankten mit Langzeitfolgen derzeitig nicht vor. Während eine prospektive Studie zu COVID-Symptomen bei nur 2,3 % der Erkrankten eine Symptomdauer von mehr als 12 Wochen festgestellt habe, deuteten Daten aus England darauf hin, dass etwa 40 % der hospitalisierten Erkrankten längerfristige Unterstützung benötigten. Die Angaben divergieren also noch sehr erheblich. Eine abschließende Aussage ist somit nicht möglich, man wird das Thema weiter beobachten müssen.

Alles in allem ist die Gesundheitsgefahr, die SARS-CoV-2 für die deutsche Bevölkerung darstellt, aber eher gering. Weder steht ein Massensterben zu befürchten noch eine Überlastung des Gesundheitswesens, die über das saisonal Übliche hinausginge. Volle

Krankenhäuser sind in der kalten Jahreszeit normal, die Personalnot in den Stationen kein Krisenphänomen, sondern dem jahrelangen Sparkurs geschuldet. Eine Situation wie im Frühjahr 2020 in Norditalien steht für Deutschland nicht zu befürchten, vermutlich auch nicht im Fall der großflächigen Ausbreitung der Virusmutation B.1.1.7, da diese auf eine durch Vorinfektionen und Impfung bereits teilweise immunisierte Bevölkerung träfe.

Die Auswirkungen von SARS-CoV-2 auf das Vorhaben, zum Normalzustand zurückzukehren, sind daher als „sehr niedrig" bis „niedrig" zu bewerten. Um den vielen Unwägbarkeiten bei der Bewertung gerecht zu werden, wählen wir „niedrig" (Skalenwert 2, gewichtet: 1).

Unterm Strich ergibt sich damit ein Risikowert bzw. eine Kritikalität von 1 („geringes Risiko"), resultierend aus dem Produkt der gewichteten Skalenwerte für die Eintrittswahrscheinlichkeit (1) und die Auswirkungen (1).

Für eine Rückkehr Deutschlands zur Normalität stellt SARS-CoV-2 bzw. COVID-19 folglich keinen Hinderungsgrund dar. Mit einer Erhöhung der Krankenhauskapazitäten, einer Verbesserung der Personalsituation in Krankenhäusern, Alten- und Pflegeheimen, der Forschung an besseren Therapien und gut verträglichen Impfstoffen, zielgenaueren Schutzkonzepten für die Hauptrisikogruppen der Alten und Immungeschwächten resp. Vorerkrankten sowie einer deeskalierenden politischen und medialen Rhetorik könnte man eigentlich zur Normalität zurückkehren. Dass man es nicht tut, muss andere Gründe als eine Analyse des gesundheitlichen Risikos haben – es sei denn, der Regierung liegen Informationen zu der von SARS-CoV-2 ausgehenden Gesundheitsgefahr vor, die der Öffentlichkeit unbekannt sind und die wir in unserer Analyse daher nicht berücksichtigen konnten.

Nur am Rande sei bemerkt, dass die gemeinhin unter dem Oberbegriff „Lockdown" zusammengefassten Maßnahmen der Ausgangs-, Kontakt- und Reisebeschränkungen im Verbund mit einer Hysterie schürenden politischen und medialen Rhetorik – „Die Todeszahlen sind aktuell so hoch, als würde jeden Tag ein Flugzeug abstürzen" (Markus Söder laut bild.de im Krisengipfel der Ministerpräsidenten mit Kanzlerin Merkel am 25.11.2020) – selbst negative Folgen auf die Volksgesundheit haben und dadurch ihrerseits zur Verschärfung der alles in allem eigentlich wenig dramatischen Lage beitragen. Zu diesen negativen Folgen zählt der ehemalige stellvertretende UN-Generalsekretär Ramesh Thakur die folgenden sechs Punkte, von denen mindestens die ersten fünf auch für Deutschland Geltung beanspruchen dürfen (alle nachfolgenden Zitate entstammen Julian Tumasewitsch Baranyans Artikel *Die 6 schlimmsten Lockdown-Kollateralschäden* vom 30.12.2020 auf achgut.com):

1. „den explosionsartigen Anstieg von psychischen Erkrankungen und Selbstmordversuchen um bis zu 600 Prozent, der *,bis zu 10-mal so viele Menschen töten könnte wie das Virus'*";
2. die „massenweise abgesagten Vorsorge- und Routineuntersuchungen, durch die Millionen von Krebserkrankungen sowie Herz-, Nieren-, Leber- und Lungenkrankheiten unerkannt und unbehandelt bleiben" – für Deutschland geht Thakur von bis zu 50'000 vermeidbaren Krebstoten aus;
3. die Angst vor Ansteckung in Krankenhäusern, wodurch viele auch dann nicht mehr ins Krankenhaus gingen bzw. gebracht würden, wenn es ihnen vermutlich das Leben retten würde, bspw. bei einem Herzstillstand;
4. den „Daueraufenthalt in überfüllten Wohnkomplexen, wo das allgemeine Infektionsrisiko deutlich höher ist" als beim

Aufenthalt in gesunden Umgebungen wie Parks, botanischen Gärten oder an Stränden;

5. die fehlende strukturelle und personelle Unterstützung der Alten- und Pflegeheime für die Behandlung der Coronapatienten, obwohl dort 50–66 % aller Todesfälle im Zusammenhang mit COVID-19 aufträten;

6. die „Langzeitfolgen für die *ärmste Milliarde Menschen auf der Welt im nächsten Jahrzehnt'*", insbesondere eine stark ansteigende Säuglings-, Kinder- und Müttersterblichkeit sowie Hungersnöte „in der sogenannten Dritten Welt, die durch Lockdown-bedingte Unterbrechungen der Ernteproduktion und der globalen Lebensmittelverteilungsketten verursacht werden"; Thakur schätzt die Zahl der hieraus resultierenden Todesopfer auf mehr als 1,2 Millionen und den Anstieg der an akutem Hunger Leidenden auf 125 Millionen.

Für Deutschland muss man als siebten Punkt noch das Aufschieben von OPs hinzufügen sowie die Unterbrechung von Therapien, um Krankenhauskapazitäten für Coronapatienten freizuhalten, auch wenn die große Welle in den Krankenhäusern dann in den meisten Fällen doch ausblieb.

Nachdem nun Eintrittswahrscheinlichkeit und Auswirkungen des Risikos „Coronavirus" analysiert sind, stellt sich für unser fiktives Projektteam die Frage, welche Strategie es für den Umgang mit diesem Risiko wählen soll. Ziel des Projekts ist es, den Ausnahmezustand zu beenden. Ausweislich der Risikoanalyse stellen das neue Coronavirus SARS-CoV-2 und die durch es ausgelöste Krankheit COVID-19 keinen echten Hinderungsgrund hierfür dar. Viele Mitbürger sehen dies jedoch anders, weite Teile der Politik, der Presse sowie der Wirtschaft ebenso. Außerdem gibt es Bevölkerungsgruppen, die durch das Coronavirus sehr wohl gesundheitlich gefährdet sind. Auch wenn das Projektteam also der

Ansicht ist, dass für einen angemessenen Umgang mit dem Gesundheitsrisiko SARS-CoV-2 nicht der Ausnahmezustand verhängt bzw. aufrechterhalten werden muss, so muss es doch, wenn es sein Ziel der Rückkehr zur Normalität erreichen will, dafür sorgen, dass es sowohl die Befürchtungen skeptischer Mitbürger als auch die Sorgen der Risikogruppen in ausreichendem Umfang berücksichtigt, um deren Zustimmung zur Beendigung des Ausnahmezustands zu erlangen. Das Gesundheitsrisiko durch SARS-CoV-2 zu akzeptieren und nichts zu seiner Minimierung zu tun, fällt als Strategie damit aus, denn dadurch würde man niemanden überzeugen können. Stattdessen empfiehlt sich die Option, Maßnahmen zu ergreifen, die das Risiko *abmildern*, um auf diesem Wege Zustimmung zu erhalten.

Die Maßnahmen müssten zweierlei bewirken. Zum einen soll durch sie erreicht werden, dass die politischen Zwangsmaßnahmen beendet werden. Zum anderen sollen alle Anstrengungen im Kampf gegen das Coronavirus darauf konzentriert werden, die Krankenhauskapazitäten auszubauen, die Personalsituation in Krankenhäusern, Alten- und Pflegeheimen zu verbessern, die Forschung an wirksamen Therapien und weiteren Impfstoffen voranzutreiben sowie zielgenauere Schutzkonzepte für die Hauptrisikogruppen der Alten und Immungeschwächten bzw. Vorerkrankten zu entwickeln. Die Rückkehr zur alten Normalität mag mit einer weiteren Sensibilisierung der Bevölkerung für ihre Verantwortung für den Schutz der Risikogruppen einhergehen, grundsätzlich soll die Entscheidung über den Umgang mit dem Infektionsrisiko aber wieder dem Souverän, dem Volk bzw. dem einzelnen Bürger, zurückübertragen werden.

Zur Realisierung dieses Vorhabens bedarf es eines Politikwechsels. Als Handlungsoptionen zu dessen Herbeiführung stehen dem Projektteam alle Mittel zur Verfügung, die ihm die Bürgerrechte seiner Mitglieder, soweit und in dem Umfang, in dem sie sie im gegenwärtigen Ausnahmezustand ausüben dürfen, an die Hand geben: Demonstrationen, Petitionen, Wahlen. Sollte keine Partei mit entsprechendem Wahlprogramm bereitstehen, besteht die Möglichkeit, eine neue Partei zu gründen. Weitere Optionen wie etwa die Auswanderung fallen aus, da die Wiederherstellung der Normalität in Deutschland vom Ausland her kaum zu bewerkstelligen sein dürfte.

Man wird einräumen müssen, dass von einer kleinen Gruppe wie dem fiktiven Projektteam mit den zur Verfügung stehenden Mitteln eine Änderung des politischen Kurses nach menschlichem Ermessen nicht bewirkt werden kann. Auch eine aussichtsreiche politische Kraft zur Umsetzung eines solchen Politikwechsels ist derzeit nicht in Sicht. Am ehesten kämen hierfür AfD oder FDP in Frage, da aus ihren Reihen von Zeit zu Zeit Kritik am Regierungskurs geäußert wird, zusammen repräsentieren sie aber noch nicht einmal ein Viertel der aktiven Wahlbevölkerung. Aus den anderen Parteien sind es nur Randfiguren wie Boris Palmer (Die Grünen) oder Sahra Wagenknecht (Die Linke), die ähnliche Ansichten vertreten. Eine mehrheitsfähige Allianz, die – bspw. nach der Bundestagswahl im September – einen Politikwechsel im oben skizzierten Sinne herbeiführen könnte, wird sich auf dieser Basis nicht schmieden lassen. Zwar könnte das Projektteam versuchen, die Gründung einer neuen politischen Bewegung oder Partei zu initiieren, doch stieße dies auf mindestens drei sehr hohe, wenn nicht unüberwindliche Hürden: Erstens ließe sich ein solches Vorhaben kaum in kurzer Zeit – bis spätestens zur Bundestagswahl am 26. September – und unter den derzeitigen Bedingungen des Ausnahmezustands umsetzen. Zweitens würden sich die potenziellen Wähler vermutlich mehrheitlich aus dem Wählerreservoir von AfD und FDP rekrutieren, weshalb eine politische Mehrheit weiterhin außerhalb des Erreichbaren läge. Und drittens müsste neben dem Parteipersonal auch eine gewogene Presse gewonnen werden. Wie schwierig Letzteres ist, zeigt sich an den gegenüber dem Pandemiemanagement der Bundes- und Landesregierungen kritischen Demonstrationen der sog. „Querdenker". Weil ihr Protest auch radikale Gruppen anzieht und sie es nicht schaffen, sich überzeugend von diesen abzugrenzen, werden sie nicht nur politisch, sondern auch medial mit großer Vehemenz bekämpft. Ihre Argumente gehen dabei weitgehend unter, stattdessen konzentriert sich die Auseinandersetzung vor allem auf ihr Verhältnis zu den Radikalen. Die Folge ist, dass sie politisch praktisch keine Wirkung entfalten.

Was also bleibt? Die realistischste Maßnahme dürfte darin bestehen, dass sich die Mitglieder des Projektteams mit Gastbeiträgen in Zeitungen, Diskussionsbeiträgen im Fernsehen oder Publikationen aller Art in die öffentliche Debatte einbringen und auf diesem Wege versuchen, mit Argumenten zu überzeugen und Mitstreiter zu finden. Die Erfolgsaussichten dürften allerdings ebenfalls sehr begrenzt sein.

Risiko 2: Coronaimpfung

Obwohl das Coronavirus nach allem, was wir wissen, keine ernsthafte Gefahr für die Bevölkerung als Ganzes darstellt, sondern allenfalls für die „normalen" Risikogruppen der Alten und Kranken, wurden und werden zu seiner Bekämpfung Maßnahmen ergriffen, denen alle, auch die wenig gefährdete Mehrheit der Unter-60-Jährigen ohne relevante Vorerkrankungen, unterworfen werden: Ausgangs-beschränkungen („Lockdowns"), Maskenpflicht, Berufsausübungs-verbote für bestimmte Berufsgruppen (Gastronomen, Hoteliers, Friseure, Einzelhändler, Kinobetreiber, Theaterschauspieler …), Einschränkung der Grundrechte (wie etwa des Demonstrations-rechts), Schließung von Schulen und Kitas. Die wirtschaftlichen Schäden werden aus Steuermitteln ausgeglichen oder zumindest abgemildert.

Als einziger Ausweg aus dieser Situation kommt nach Auskunft von Politik und Medien allein die flächendeckende Impfung in Frage.

Durch sie werde sich das Virus wenn nicht ausrotten, so doch zumindest in den Griff bekommen lassen. Der Ansatz, auf autoritäre Maßnahmen wie Lockdowns zu verzichten und stattdessen an die Eigenverantwortung der Bürger zu appellieren, sich gegenüber den Risikogruppen angemessen zu verhalten, bis entweder auf natürlichem Wege Herdenimmunität erreicht wurde, die das Virus an der weiteren Ausbreitung hindert, oder ein wirksamer und sicherer Impfstoff zur Verfügung steht, wird in der Regel als ineffektiv und/oder inhuman verworfen. Dabei böte ein solcher Ansatz die Chance, sofort zu einem weitgehend normalen Alltagsleben zurückzukehren, während parallel an verbesserten Konzepten zum Schutz der Risikogruppen, an wirksamen Therapien und Impfstoffen und an einer Erhöhung der Krankenhauskapazitäten (vor allem im Personalbereich) für Spitzenzeiten gearbeitet wird. Realistischer wäre ein solcher Ansatz allemal. Denn wie man an der Grippe sieht, haben es nicht einmal Jahrzehnte der Forschung geschafft, das krankheitsverursachende Virus, in diesem Fall das Influenzavirus, zu neutralisieren, weder durch Impfung noch durch Therapeutika. Bei SARS-CoV-2 möchte man nun aber eben dies innerhalb weniger Monate bzw. Jahre erreichen, und ein Impfstoff soll dazu das hauptsächliche Mittel sein.

Gegen einen Impfstoff als Mittel der Wahl spricht allerdings, dass fast 90 % der Coronatoten älter als 70 Jahre alt waren (genau sind es 88,6 %, siehe oben). Sie gehörten damit einer Altersgruppe an, bei der das Immunsystem altersbedingt ohnehin bereits geschwächt ist. „[W]essen Immunsystem [aber] schwach ist, der spricht auch nicht gut auf einen Impfstoff an und kann die dabei gebildete Immunität im Krankheitsfall nicht rekrutieren. So ist es auch bei Influenza." (Jochen Ziegler: *Mit BNT162b2 impfen?*, achgut.com, 21.12.2020.) Für den Schutz der Alten und damit der Hauptrisikogruppe ist eine Impfung somit vermutlich der falsche Ansatz.

Hinzu kommt, dass der derzeit angepriesene Impfstoff von Biontech/Pfizer ein neues Verfahren anwendet, das zwar schon länger erforscht wird, das es aber vor dem Coronaimpfstoff noch nie bis zu einer Zulassung geschafft hat. Bei diesem sog. mRNA-Verfahren wird dem Patienten in Form der Boten-RNS (engl. *messenger RNA – mRNA*) der Bauplan für das sog. „Spike"-Protein (das sind die charakteristischen „Stacheln" auf dem Virus) von SARS-CoV-2 injiziert. Die Boten-RNS sorgt dafür, dass die Körperzellen mit der Produktion eben dieses Eiweißes beginnen. Dies wiederum aktiviert das Immunsystem und führt zur Bildung von Antikörpern, die dann im Falle einer Infektion das Virus bekämpfen sollen. Der Unterschied zum herkömmlichen Impfverfahren besteht darin, dass dem Körper der zu bekämpfende Erreger nicht von außen zugeführt wird, um sein Immunsystem zur Ausbildung der entsprechenden Immunantwort anzuregen, sondern dass der Körper so umprogrammiert wird, dass er den Erreger quasi selbst produziert. Allerdings geschieht dies nur einmal, denn nachdem sie ihre Funktion erfüllt und die Produktion des gewünschten Eiweißes ausgelöst hat, wird die mRNA in den Zellen abgebaut.

Dass bei einem solchen Verfahren dennoch das Risiko von Autoimmunerkrankungen besteht, leuchtet unmittelbar ein, schließlich basieren sie alle auf dem Prinzip, dass sich das Immunsystem gegen körpereigene Zellen richtet. Die Befürchtung, die Impfung könnte zu rheumatischen Erkrankungen, multipler Sklerose, Lupus oder Kollagenose führen, scheint daher zumindest nicht völlig abwegig.

Weitere Risiken nennt die Petition zur sofortigen Aussetzung sämtlicher SARS-CoV-2-Impfstoffstudien, die der Mediziner und langjährige (1994–2010) SPD-Bundestagsabgeordnete Wolfgang Wodarg zusammen mit dem Ex-Pfizer-Forschungsleiter Michael Yeadon am 1.12.2020 an die für die Zulassung des Biontech/Pfizer-Impfstoffs zuständige Europäische Arzneimittel-Agentur (*European*

Medicines Agency – EMA) gerichtet hat. Sie enthält den Hinweis, dass Coronaviren, insbesondere die der SARS-Familie, die unangenehme Eigenschaft haben, bei der Erstinfektion zur Bildung sog. nicht-neutralisierender Antikörper anzuregen. Diese Antikörper binden sich zwar an die Oberfläche der Viren, können sie aber nicht zerstören. Im Gegenteil wirken sie bei einer späteren zweiten Infektion sogar infektionsverstärkend, da sie „zu einer verbesserten Aufnahme des Virus in eine Zelle führen und damit die Ausbreitung und Vermehrung des Virus begünstigen" (Wikipedia). Sie führen bei der Zweitinfektion somit zu schwereren Krankheitsverläufen. Dieser Effekt wird im Englischen als *Antibody-Dependent Enhancement* (*ADE*) bezeichnet. Die Erstinfektion wäre im Fall der Impfung die Gabe des Impfstoffs. Auf seiner Website schreibt Wodarg dazu:

Die Bildung sogenannter „nicht-neutralisierender Antikörper" kann speziell dann, wenn Probanden nach der Impfung mit dem echten, dem „wilden" Virus konfrontiert sind, zu einer überschiessenden Immunreaktion führen. Diese sogenannte antikörperabhängige Verstärkung, ADE, ist z. B. lange aus Experimenten mit Corona-Impfstoffen bei Katzen bekannt. Im Verlauf dieser Studien sind alle Katzen, welche die Impfung zunächst gut vertragen hatten, gestorben, nachdem sie mit echten Coronaviren infiziert wurden. Durch Wirkverstärker wird diese Überreaktion weiter begünstigt.

Hinzu kommen laut Wodarg/Yeadon in dem speziellen Fall des Biontech/Pfizer-Impfstoffs zwei weitere Risiken:

1. Der Impfstoff enthält Polyethylenglycol (PEG). 70 % aller Menschen bilden aber Antikörper gegen PEG. Die Impfung könnte damit zu heftigen, unter Umständen tödlichen allergischen Reaktionen führen.

2. Der Impfstoff könnte auch die Bildung sog. humoraler (= nicht-zellulärer) Antikörper anregen, die sich gegen das „Spike"-Protein richten. Wäre dies der Fall, so könnte er

unter Umständen auch zur Unfruchtbarkeit bei Frauen führen. Grund hierfür ist das Protein Syncytin-1, welches im Fall einer Schwangerschaft für die Ausbildung der Plazenta verantwortlich ist und das in homologer Form auch in den „Spike"-Proteinen der SARS-Viren zu finden ist. Sollte durch den Impfstoff die Bildung von Antikörpern angeregt werden, die sich gegen diese „Spike"-Proteine richten, könnten diese potenziell auch Syncytin-1 zerstören.

Ein weiteres Risiko liegt im Transport von mRNA-Impfstoffen: „[W]enn beim Transport der mRNA-Partikel die Kühlkette nicht eingehalten wird, was logistisch anspruchsvoll ist und mit der schnell sinkenden Leistungsfähigkeit der Weltwirtschaft auch nicht besser wird, kann mRNA aus den Partikeln freigesetzt und bei der Injektion nackt in den Intrazellulärraum gelangen. Nackte mRNA wirkt dort sehr toxisch. Das kann zu sehr schweren Reaktionen bis hin zum anaphylaktischen Schock mit Kreislaufversagen führen." (Jochen Ziegler: *Der nächste Impfstoff – Wirksamkeit unbekannt, Risiken hoch*, achgut.com, 18.11.2020.)

An dem Vorhandensein des Risikos erheblicher, unter Umständen sogar tödlicher Nebenwirkungen besteht somit kein Zweifel. Aus mehreren Ländern wurden bereits schwere allergische Reaktionen auf die Impfung mit einem mRNA-Impfstoff gemeldet. In Großbritannien wurde Allergikern deshalb schon früh offiziell von der Impfung abgeraten. Darüber hinaus kam es in einigen Ländern bereits zu Todesfällen im Zusammenhang mit der Impfung. In Deutschland beträgt ihre Zahl zehn (Stand: 14.01.2021). Zwar wurde noch nirgends ein kausaler Zusammenhang zwischen Impfung und Tod nachgewiesen, das Gegenteil aber auch nicht. Solange die Klärung dieser Frage offen ist und die Todesfälle nicht nur sehr alte Menschen (wie in Norwegen) oder sehr kranke (wie in Deutschland) betreffen, sondern auch allem Anschein nach völlig gesunde Menschen mittleren Alters (wie eine Krankenschwester in Portugal), ist es unter dem Aspekt der Risikoanalyse geboten, zumindest mit der Möglichkeit eines Zusammenhangs zu rechnen. (Unabhängig davon erschließt sich aber auch nicht, warum man Kranke überhaupt impft, seien sie nun alt oder jung. Bei Babys werden Impfungen mitunter schon bei leichten Erkältungssymptomen verschoben.)

Die Vielzahl der aufgeführten potenziellen Nebenwirkungen der Coronaimpfung könnte das Vorhaben, in Deutschland zur Normalität der Zeit vor 2020 zurückzukehren, durchaus gefährden – nämlich dann, wenn sich schwere Nebenwirkungen in großer Zahl einstellen und dadurch eine (neue) Krisensituation geschaffen wird. ***Die potenziellen Auswirkungen des Risikos sind daher mindestens mit dem Skalenwert 4 („hoch", gewichtet: 4) zu bewerten.*** Gegen den höchsten Skalenwert 5 („sehr hoch") sprechen einige mildernde Faktoren. So ist etwa die Einhaltung der Kühlkette beim Transport des Impfstoffs ein nur mittelbar mit der Impfung und dem Impfstoff selbst verbundenes Risiko, noch dazu ein – zumindest in Deutschland mit seinem sehr hohen Organisationsgrad – relativ gut beherrschbares. Sodann ist etwa das Risiko der Unfruchtbarkeit, so schmerzlich dies für die Betroffenen sein mag, kein Grund für die Gesamtgesellschaft, nicht zum Normalzustand zurückzukehren. Risiken wie allergische Reaktionen schließlich lassen sich medizinisch recht gut behandeln, solange sie nicht in so großer Zahl auftreten, dass sie die Kapazitäten sprengen.

Was die Eintrittswahrscheinlichkeit des Nebenwirkungsrisikos angeht, so sind Berichte über Fälle mit schweren Nebenwirkungen bislang ausgesprochen selten. Die übergroße Mehrheit der Geimpften – in Deutschland mit Stand vom 28.01.2021 immerhin knapp 1,8 Mio. – scheint die Impfung gut zu vertragen. Welches Risiko jedoch von der zweiten Impfdosis ausgeht, die ja mit einigen Wochen Versatz verabreicht wird, lässt sich derzeit nur schwer einschätzen. Bis zum 28.01.2021 hatten erst 416'646 Personen in Deutschland auch die zweite Impfung erhalten.

Ebenso unklar ist, wie groß das Risiko langfristiger negativer Impffolgen ist. Tierversuche wurden bei der Impfstoffentwicklung ausgelassen, und eine Langzeitbeobachtung menschlicher Probanden über 1–2 Jahre konnte in der Kürze der Zeit nicht erfolgen. Unter Risikomanagementgesichtspunkten wäre dies zwar sicher gut investierte Zeit gewesen. Aufgrund des enormen Zeitdrucks wurde die Entwicklungszeit aber so weit wie möglich reduziert. (Und weil der Zeitdruck politisch erzeugt wurde und die Hersteller mit ihren eingekürzten Entwicklungszeitplänen lediglich auf diese Anforderung reagierten, wurden sie im Zuge des Notzulassungsverfahrens von den Haftungsrisiken für unvorhergesehene Schäden explizit befreit: Sollten Impfschäden auftreten, haftet nicht der Hersteller, sondern der Staat.)

Auch unter Einbeziehung dieser Unwägbarkeiten in Bezug auf die zweite Impfdosis und die Langzeitfolgen setzen wir die Wahrscheinlichkeit für massenweise schwere Nebenwirkungen infolge der Coronaimpfung als derzeit „sehr niedrig" (Skalenwert 1, gewichtet: 1) an. Alle Befürchtungen, auch wenn sie begründet sind, haben sich bis dato nicht bewahrheitet, jedenfalls nicht in der Masse. Man wird abwarten müssen, wie sich die Dinge weiter entwickeln.

Multiplizieren wir den gewichteten Wert für die Eintrittswahrscheinlichkeit (1) mit dem gewichteten Wert für die Auswirkungen (4), ergibt sich eine Kritikalität dieses Risikos von 4 („gering").

Ob diese Einschätzung tendenziell richtig ist oder der Korrektur bedarf, wird sich im Laufe der Zeit zeigen. Man wird sich umso früher ein genaueres Bild machen können, je schneller die Durchimpfung der Bevölkerung voranschreitet. Laut Gesundheitsminister Spahn wird ein Anteil von 60 % benötigt, um den gewünschten Effekt der Herdenimmunität zu erzielen. Das entspricht rund 50 Mio. Menschen, für die dementsprechend 100 Mio. Impfdosen verfügbar sein müssen. Gut möglich, dass dies noch einige Zeit in Anspruch nehmen wird.

Aus Projektsicht bieten sich zwei Strategien zum Umgang mit diesem Risiko an. Zum einen kann das Team beschließen, das Risiko zu **akzeptieren**. Dies geschähe unter der Annahme, dass es bei den bisher seltenen Fällen schwerer Nebenwirkungen bleibt und damit das fortschreitende Durchimpfen der Bevölkerung letztlich dem Projektziel, der Rückkehr Deutschlands zur Normalität, zuarbeitet. Zum anderen kann versucht werden, das Risiko zu **vermeiden**. Hierfür müssten die beim ersten Risiko erwähnten Maßnahmen ergriffen werden: Demonstrationen, Petitionen und Wahlen, um einen Politikwechsel herbeizuführen und die aktuelle Impfkampagne zu stoppen bzw. auch die Verwendung eines anderen, als weniger riskant erachteten Impfstoffs zu ermöglichen (der chinesische bspw. ist ein traditionell hergestellter Impfstoff mit inaktivierten SARS-CoV-2-Viren). Zusätzlich könnten Fachleute an der öffentlichen Debatte teilnehmen und über die Risiken der mRNA-Impfstoffe aufklären, um so die politische Willensbildung zu beeinflussen. Die Erfolgs-aussichten stünden bei dieser Vermeidungsstrategie freilich ähnlich schlecht wie beim ersten Risiko, da sie mit vergleichbaren Widrigkeiten zu kämpfen hätte.

Auf individueller Ebene besteht darüber hinaus die Möglichkeit, das mit einer mRNA-Impfung verbundene Gesundheitsrisiko zu vermeiden, indem der Einzelne die Impfung verweigert. Dies ist allerdings keine Strategie, die dem Projekt bei der Zielerreichung helfen würde.

Risiko 3: Neue Pandemie

Ein weiteres Gesundheitsrisiko ist das Auftreten einer neuen Pandemie mit einem neuen Erreger. Die gesundheitlichen Auswirkungen könnten ungleich höher sein als bei SARS-CoV-2, genauso gut jedoch auch geringer oder von vergleichbarer Schwere. *__Bei der Risikobewertung entspricht dieser Unsicherheit hinsichtlich der Auswirkungen der mittlere Skalenwert 3 (gewichtet: 2).__*

Allerdings ist eine solche zweite Pandemie unmittelbar nach bzw. noch während der jetzigen doch eher unwahrscheinlich. Auch wenn uns alle paar Jahre aus Ostasien Nachrichten über das Auftreten grundsätzlich pandemiefähiger Erreger erreichen, wäre eine weitere Pandemie in so kurzem zeitlichem Abstand ein sehr ungewöhnliches Ereignis. *__Eine sehr niedrige Eintrittswahrscheinlichkeit zeigt der Skalenwert 1 (gewichtet: 1) an. Die Kritikalität liegt somit bei 2 („geringes Risiko").__*

Für das Projektteam von „Deutschland 2021" dürfte viel dafür-sprechen, das Risiko einer zweiten Pandemie innerhalb von zwei Jahren fürs Erste zu *__akzeptieren__* und bis zur nächsten Neubewertung der Risiken nichts weiter zu unternehmen. Es gibt wahrlich dringlichere Aufgaben, denen es sich widmen müsste. Vor dem Hintergrund der aktuellen Ereignisse könnte man sich aber auch für die Strategie des *__Abmilderns__* entscheiden. Abmildern würde in diesem Fall heißen, das Land auf eine neue Pandemie bestmöglich vorzubereiten. Hierzu gehören die Ausarbeitung bzw. Aktualisierung von Notfallplänen, die Überprüfung der Einsatzfähigkeit der Hilfswerke, der Ausbau der (intensiv-)medizinischen Kapazitäten und dergleichen mehr. An all dem könnte parallel zu den derzeit drängenderen Aufgaben rund um den Umgang mit dem Coronavirus bereits gearbeitet werden. Vermutlich geschieht all dies auch bereits, sodass eine politische Einflussnahme vermutlich gar nicht nötig wäre. Es dürfte genügen, wenn das Projektteam prüft, was bereits geschieht, und allenfalls über die Medien oder durch Petitionen darauf dringt, dass weiter an den Präventivmaßnahmen gearbeitet wird.

2. Wirtschaftliche Risiken

Risiko 4: Hyperinflation

Die von der Politik ergriffenen Maßnahmen zur Bekämpfung der Coronapandemie haben erhebliche Auswirkungen auf die Wirtschaft. Sowohl die Produktion als auch der Konsum sind in den vergangenen Monaten zurückgegangen. Der private Konsum ist in vielen Bereichen deutlich rückläufig, weil die Leute angehalten sind, zu Hause zu bleiben, wodurch sie als (Lauf-)Kundschaft ausfallen. Durch Lockdowns und Reisebeschränkungen erleiden zudem ganze Branchen wie der Tourismus, der Einzelhandel oder der Kulturbetrieb große Umsatzeinbußen. Die Hersteller von Transportmitteln (Autos, Flugzeugen, Schiffen) haben nicht nur Mühe, wegen unterbrochener Lieferketten ihre Produkte zu fertigen, sondern auch, sie anschließend an den Mann zu bringen. Profiteure der Krise sind dagegen Onlinehandel und Logistikunternehmen.

Die wirtschaftlichen Schäden werden von der Politik aus Steuermitteln auszugleichen oder zumindest abzumildern versucht. Es gibt Staatshilfen in Form von Kurzarbeitergeld, Unternehmenskrediten und Entschädigungen für Umsatzausfälle; im zweiten Halbjahr 2020 gab es zudem eine temporäre Senkung des Mehrwertsteuersatzes. Das für all diese Maßnahmen benötigte Geld übersteigt die Einnahmen des Staates aus Steuern erheblich, weshalb der Staat Schulden macht und sich über Staatsanleihen frisches Geld besorgt. Die Geldmenge steigt, ohne dass dem ein Anstieg der Produktion gegenüberstünde.

Dadurch erhöht sich die Inflationsgefahr. Zunächst ist diese dadurch gebannt, dass ein großer Teil des neuen Geldes nicht in den Konsum fließt, weil zum einen den Leuten durch den Lockdown Konsummöglichkeiten fehlen und zum anderen die gestiegene wirtschaftliche Unsicherheit zu Kaufzurückhaltung, bei den Unternehmen zu Investitionszurückhaltung führt. Stattdessen richtet sich das Augenmerk privater wie institutioneller Anleger vermehrt auf Bar- bzw. Buchgeldbestände, also das klassische Sparen, außerdem auf Anlagegüter wie Gold, Silber, Bitcoin, Immobilien und die Aktien der Krisenprofiteure (Amazon, Apple, Microsoft, Tesla etc.). Deren Preise steigen kontinuierlich, die Börsen boomen.

Den Weg des staatlichen Schuldenmachens wird man aber nicht unbegrenzt weitergehen können. Zum einen lässt die heute schon hohe Staatsverschuldung keine weiteren großen Verschuldungsaktionen mehr zu. Zum anderen lässt sich nach Ansicht von Ökonomen wie Degussa-Geschäftsführer Markus Krall die Geldmenge nicht beliebig ausweiten. Vielmehr finde sie ihre natürliche Grenze in der Höhe des BSP ihres Währungsraums, in der Eurozone also bei ca. 10 Billionen EUR. Das derzeitige Tempo des Geldmengenwachstums vorausgesetzt, wird diese Grenze im Laufe des Jahres 2021 erreicht werden.

Nach Ansicht von Krall wird dann das Vertrauen in den Wert des Geldes allmählich schwinden und eine sich immer schneller drehende Geldentwertungsspirale in Gang gesetzt werden. Entweder schlagartig oder gestreckt über mehrere Wochen bis Monate werde sich eine Hyperinflation entwickeln. Angesichts der schon erreichten Geldmengenausweitung und vor dem Hintergrund der andauernden kostenintensiven Coronapolitik hält er das Eintreten des Hyperinflationsfalls für sicher. Ein Abflachen der Geldschaffungskurve sei gar nicht mehr rechtzeitig möglich, um dauerhaft unter dem BSP der Eurozone zu bleiben.

Die Krall'sche Argumentation wird jedoch keineswegs von allen Ökonomen geteilt. Im Gegenteil, er gilt als „Crash-Prophet", der eine Außenseiterposition vertritt. Viele halten eine Geldvermehrung weit über das BSP hinaus sehr wohl für möglich, wodurch das bestehende

System noch länger am Leben erhalten werden könnte. Kralls Ausgangspunkt für die Hyperinflation ist ja auch der Vertrauensentzug gegenüber dem Geld seitens der Bürger, sobald die BSP-Schwelle überschritten ist. Ob dies tatsächlich so eintreten wird, erscheint angesichts der sehr begrenzten Kenntnisse in der Bevölkerung über finanzwirtschaftliche Zusammenhänge zumindest zweifelhaft. Zudem bereiten die Zentralbanken bereits Maßnahmen vor, um eine ansteigende Inflation beherrschbar zu machen. Hierzu zählt insbesondere die Schaffung digitaler Währungen, durch die der Zugriff der Bürger auf ihr Geld begrenzt werden könnte, indem bspw. pro Tag nur ein mittlerer zweistelliger Betrag zum Ausgeben freigegeben wird. Würde gleichzeitig das Bargeld verboten, könnte die Flucht aus dem Geld gebremst und der Wertverfall aufgehalten werden. Am Vertrauensverlust gegenüber der Währung könnte die Maßnahme gleichwohl wenig ändern, man gewönne nur Zeit.

Für unsere Analyse bleibt festzuhalten, dass sich die Ökonomen uneins sind, ob es aufgrund der starken Geldmengenausweitung zur Hyperinflation kommt. ***Da es für beide Positionen gute Argumente von vergleichbarem Gewicht gibt, bewerten wir die Eintrittswahrscheinlichkeit des Hyperinflationsrisikos mit dem Skalenwert 3 („mittel", gewichtet: 5).***

Die Auswirkungen einer Hyperinflation wären enorm. Eine Flucht aus dem Geld würde einsetzen, d. h. die Leute würden versuchen, ihr Geld in andere Wertaufbewahrungsformen umzutauschen: Edelmetalle, Kunstgegenstände, Immobilien, bestimmte Aktien, Alkohol usw.; irgendwann wären sogar Lebensmittel wertbeständiger als Geld. Monetäre Absicherungssysteme wie die staatliche Rentenversicherung kämen an ihr Ende, Sparguthaben verlören ihren Wert. Eine gewaltige Wohlstandsvernichtung wäre die Folge und eine Krise wie zur Zeit der Großen Depression bräche an.

Die Auswirkungen des Hyperinflationsrisikos werden daher mit dem Skalenwert 5 („sehr hoch", gewichtet: 8) bewertet.

Insgesamt ergibt sich damit eine Kritikalität des Risikos von 40 („großes Risiko").

Unbegrenzte Mittel vorausgesetzt, wäre für den Umgang mit diesem Risiko die Option des **Abmilderns** die geeignete Strategie. Wie bei den ersten beiden Risiken könnte unser fiktives Projektteam versuchen, einen Politikwechsel herbeizuführen, durch den zumindest die unmittelbaren Ursachen für das Gelddrucken abgestellt werden: die Lockdowns und die zugehörigen Kompensationszahlungen für die Betroffenen. Auf diese Weise könnte es hoffen, dass eine Inflationskrise nicht früher eintritt, als die Rückkehr Deutschlands zur Normalität erreicht wurde. Doch ist ein solches Vorhaben wenig aussichtsreich, die Gründe von oben müssen hier nicht wiederholt werden. Zudem wird sich das Geldsystem weder durch Wahlen noch durch Demonstrationen ändern lassen, selbst wenn es dem Projektteam gelänge, eine große Menge Gleichgesinnter um sich zu scharen. Hier wirken vermutlich stärkere Kräfte. Letzten Endes wird dem Projektteam somit nichts anderes übrigbleiben, als das Inflations- bzw. Hyperinflationsrisiko zu **akzeptieren**.

Für den Einzelnen besteht dagegen die realistische Möglichkeit, das Risiko abzumildern, indem er sein Vermögen rechtzeitig so verlagert, dass ein möglichst geringer Anteil in Geld investiert ist. Viel mehr dürfte allerdings auch für Einzelpersonen nicht möglich sein.

Risiko 5: Bankenkrise

Zu dem Maßnahmenpaket der Bundesregierung, mit dem die Folgen der Coronabekämpfungspolitik von Bund und Ländern abgemildert werden sollen, gehört die Aussetzung der gesetzlichen Pflicht zur

Insolvenzanmeldung *bei Überschuldung*. Diese Regelung sollte ursprünglich nur bis Ende 2020 gelten, wurde dann aber für alle Unternehmen, die Anspruch auf staatliche Hilfszahlungen haben, erst bis Ende Januar, dann bis Ende April 2021 verlängert. Vermutlich werden weitere Verlängerungen und weitere staatliche Finanzhilfen folgen, sollte der aktuelle Lockdown über den April hinaus bestehen bleiben.

Im Unterschied zu *zahlungsunfähigen* Unternehmen, für welche die gesetzliche Insolvenzantragspflicht weiterhin uneingeschränkt gültig ist, müssen *überschuldete* Unternehmen, die nicht mehr in der Lage sind, ihre Kredite auf Basis selbst erwirtschafteter Gewinne zu tilgen, sondern die dafür auf immer neue Kredite angewiesen sind, aktuell keine Insolvenz beantragen und können weiter am Wirtschaftsleben teilnehmen. Sie bleiben, obwohl sie wirtschaftlich tot sind, am Leben, sind wirtschaftlich betrachtet also lebende Tote, kurz: Zombieunternehmen.

Bei Zombieunternehmen ist es nur eine Frage der Zeit, bis sie nicht mehr nur überschuldet, sondern zahlungsunfähig sind und aus dem Markt verschwinden. Durch staatliche Finanzhilfen und niedrige Kreditzinsen wird dieser Zeitraum allerdings künstlich verlängert. Zudem wird durch die Aussetzung der Insolvenzantragspflicht der morbide Status solcher Unternehmen für die übrigen Marktteilnehmer verschleiert. So wird die Gefahr erhöht, dass gesunde Unternehmen weiter Geschäfte mit Zombieunternehmen machen, am Ende aber auf ihren Forderungen sitzen bleiben und so unter Umständen selbst in Finanznöte kommen. Das gilt in der aktuellen Pandemiesituation umso mehr, wo auch viele wirtschaftlich gesunde Unternehmen mit Produktions- und Absatzproblemen zu kämpfen haben.

Der Anteil der Zombieunternehmen lag in den OECD-Staaten schon 2019 bei geschätzten 10–30 %. Nach der Finanzkrise 2007/08 hatten die Zentralbanken viel Geld in den Markt gepumpt, von dem ein erklecklicher Anteil in Unternehmensanleihen niedriger Bonität floss. 2020 dürfte die Zahl der Zombieunternehmen weiter gestiegen sein.

Es ist absehbar, dass bei einer spürbaren Reduktion bzw. Beendigung der staatlichen Finanzhilfen eine große Menge Zombieunternehmen pleitegehen wird. Spätestens bei Wiedereinsetzen der vollen gesetzlichen Insolvenzantragspflicht wird dies der Fall sein. Was das bedeutet, hat der Arzt und Mathematiker Johannes Eisleben in seinem Artikel *Geld und Vermögen: Die Angst geht um* vom 17.12.2020 auf achgut.com prägnant beschrieben:

Wenn 2021 bis zu 25 bis 30 Prozent der Unternehmen pleite gehen, wird die Unternehmenssolvenzkrise zur Bankenkrise. Denn die Banken sind den Unternehmen über Unternehmenskredite, Unternehmensanleihen und die daraus entwickelten CLO-Derivate (Collateralized Loan Obligations – finanztechnische Derivate, die schlechte mit guten finanziellen Risiken in einem Verbriefungsprodukt zusammenbringen) bilanziell direkt ausgesetzt. Wenn diese Aktiva durch Unternehmenspleiten ausfallen, weil die Unternehmen ihren Schulddienst nicht mehr leisten können, müssen die Banken Abschreibungen auf ihr Eigenkapital vornehmen. Wenn dadurch das Eigenkapital unter 8 Prozent der Bilanzsumme sinkt, müssen die Banken die Bilanz verkürzen, indem sie Kredite abbauen, um weiter die Eigenkapitalquote zu halten.

Dann entsteht ein Teufelskreis, der sich immer weiter beschleunigt, mehr Unternehmen gehen pleite, deren Mitarbeiter werden arbeitslos. Die Banken müssen dann die Sachwerte der Unternehmen und die Immobilien der Arbeitslosen (die ihre Raten nicht mehr zahlen können), die an sie fallen, verkaufen, um an Geld zu kommen. Dann fallen die Immobilienpreise, es entsteht eine für alle Schuldner toxische deflationäre Spirale. Deflation jedoch ist für die gewaltige globale Schuldenblase unerträglich. Zwar kann der Staat die

Solvenzregeln für Banken entschärfen und wieder 1 oder 2 Prozent Eigenkapitalanteil an der Bilanz zulassen, um die Spirale temporär zu entschärfen. Doch das hilft nichts, wenn es zu massenhaft Unternehmenspleiten kommt, und viele Banken werden das nicht verkraften.

Massenpleiten führen zu Massenarbeitslosigkeit, einem unter dem Abschreibungsdruck kollabierenden Bankensystem und damit zu einer veritablen Banken- und Liquiditätskrise. Eine Bankenrettung durch Gelddrucken wird wegen der bereits erreichten Höhe der globalen Staatsverschuldung dann vermutlich keine Option mehr sein. Sollte dieser Weg dennoch beschritten werden, biegt man auf den Pfad zum oben beschriebenen Hyperinflationsrisiko ein, weil dem vielen neuen Geld zur Rettung der Banken dann ein durch die anhaltende Wirtschaftskrise weiter verknapptes Güterangebot gegenüberstünde, sodass die Preise auch für Alltagsgüter steigen würden, was eine galoppierende Inflation auslösen könnte (Eisleben: *Wirtschaft 2021: Zwischen Kralleffekt und Sinnkrise*, achgut.com, 04.01.2021).

Aber auch wenn dieser Fall nicht eintritt, wird es spätestens mit dem Wiederanziehen der Konjunktur zu einer steigenden Inflation kommen, da dann aufgesparte Käufe nachgeholt werden, die steigende Nachfrage die Preise hochtreibt und dadurch immer mehr Geld in den Konsum fließt. Das ist das Szenario, das Ex-ifo-Chef Hans-Werner Sinn prophezeit, allerdings erst für die Zeit nach 2022.

Wie auch immer es kommen mag, eine inflationäre Entwicklung scheint vorprogrammiert. Tritt der (Hyper-)Inflationsfall ein, besteht für Eisleben (in *Geld und Vermögen: Die Angst geht um*) die einzige Option darin, dass der Staat einschreitet, indem er die Banken verstaatlicht und ein staatliches Vollgeldsystem einführt, bei dem er die Geldmenge sowie den Kreditrahmen für einzelne Unternehmen festlegt. Falls man nicht bei dieser „Finanzplanwirtschaft" stehenbleiben wolle, müssten anschließend vier Schritte erfolgen:

1. eine Entschuldung des Staates durch Zwangshypotheken und/oder Sondersteuern;
2. eine Marktbereinigung, indem der Konkurs unrentabler Unternehmen zugelassen wird, abgefedert durch staatliche Sozialprogramme;
3. eine Reprivatisierung des Bankensystems, herbeigeführt durch die Schließung vieler staatlicher Banken;
4. eine Rückkehr zum Ordoliberalismus.

Sollten nur die ersten beiden Schritte vollzogen werden, führe dies im Resultat zu „Sozialismus mit Armut, Mangel, Staatsterror und Unterdrückung".

Eine Pleitewelle auf Unternehmensebene hätte demnach gravierende Auswirkungen auf das Projekt „Deutschland 2021". Je nach Anzahl der betroffenen Unternehmen wohnt ihr das Potenzial inne, zu einem krisenhaften Prozess ungewisser Dauer zu führen, durch den das Banken-, Finanz- und letztlich auch das politische System grundlegend verändert werden könnten. ***Die potenziellen Auswirkungen des Pleitewellenrisikos setzen wir daher mit dem Skalenwert 5 („sehr hoch", gewichtet: 8) an.***

Die Eintrittswahrscheinlichkeit hängt maßgeblich davon ab, wie viele Unternehmen tatsächlich bereits den Zombiestatus erreicht haben und binnen kurzer Zeit pleitezugehen drohen. Sollte sich Eislebens Annahme bewahrheiten und sollten tatsächlich 25–30 % aller Unternehmen im Jahr 2021 in die Insolvenz gehen, dürfte eine größere Bankenkrise unabwendbar sein. Sind es deutlich weniger, wie bspw. Hans-Werner Sinn annimmt, könnte die Situation – zumindest vorerst – noch beherrschbar sein. Mit jedem weiteren Tag Lockdown und jeder weiteren Verschärfung der Kontaktbeschränkungen steigt allerdings der realwirtschaftliche Schaden und damit die Wahrscheinlichkeit einer eher größeren als kleineren Zahl betroffener Unternehmen. *Aufgrund der unsicheren Informationsbasis bewerten wir die Eintrittswahrscheinlichkeit vorerst mit dem Skalenwert 3 („mittel", gewichtet: 5).* Damit soll zum Ausdruck gebracht werden, dass eine Entwicklung in beide Richtungen möglich ist, sowohl in Richtung Bankenkrise als auch in Richtung Beherrschbarkeit der Situation. *Die Kritikalität des Pleitewellenrisikos liegt damit aber dennoch bei 40 („großes Risiko").*

Die Strategie zum Umgang mit diesem Risiko unterscheidet sich nicht wesentlich von den vorherigen. Wenn das Projektteam von den Erfolgsaussichten absieht, müsste es eigentlich versuchen, das Risiko *abzumildern*, indem es auf einen Politikwechsel hinwirkt, der durch ein schnelles Ende des Lockdowns und die Wiedereinsetzung der Insolvenzantragspflicht den Versuch unternimmt, den volkswirtschaftlichen Schaden zu minimieren. Sollte der Versuch scheitern und zu Massenpleiten, einer Bankenkrise und anschließender Hyperinflation führen, müsste sichergestellt werden, dass am Ende aller dann erforderlichen Rettungsmaßnahmen die Rückkehr zu einer marktwirtschaftlichen Ordnung (wie vor der Coronakrise) steht. Da eine solche politische Einflussnahme für eine kleine Gruppe von Bürgern jedoch unerreichbar sein dürfte, noch dazu innerhalb kurzer Zeit, dürfte die realistischere Alternative wie schon beim (Hyper-)Inflationsrisiko auch hier darin liegen, das Risiko zu *akzeptieren* und allenfalls auf individueller Ebene Vorsorge zu betreiben.

Die Möglichkeit des Einzelnen, sein Risiko für den Fall einer Pleitewelle mit anschließender Bankenkrise abzumildern, besteht im Wesentlichen darin, das eigene Portfolio zu bereinigen sowie Derivate und Beteiligungen an Unternehmen abzustoßen, die von einer Pleitewelle betroffen sein könnten. Alles Weitere muss auch der Privatmann wohl oder übel akzeptieren. Weder der Umfang der

Unternehmenspleiten noch die politische Reaktion darauf kann vom Einzelnen maßgeblich beeinflusst werden.

Risiko 6: Transformation der Wirtschaft

Unter Bezeichnungen wie „European Green Deal" (EU-Kommission), „Agenda 2030" (UNO) oder „Great Reset" (World Economic Forum – WEF) setzen sich politische und wirtschaftliche Führungskräfte weltweit für einen radikalen Umbau von Wirtschaft und Gesellschaft ein. Dieser zumeist als „Transformation" bezeichnete Prozess soll möglichst bald beginnen bzw. hat in einigen Bereichen bereits begonnen und soll bis spätestens 2030 respektive 2050 abgeschlossen sein. Als Ziel wird in der Regel „mehr Nachhaltigkeit" (bundesregierung.de zur Agenda 2030 der UNO) angegeben. „Nachhaltigkeit" bedeutet für den wirtschaftlichen Bereich vor allem „Klimaneutralität" (European Green Deal), also insbesondere das, was in Deutschland unter „Energiewende" und „Verkehrswende" firmiert – „Dekarbonisierung" der Energiegewinnung, Elektro-mobilität, neue Mobilitätskonzepte –, darüber hinaus aber auch eine Wende hin zu „grünen" Produktionsmethoden in Landwirtschaft, Handel und Industrie.

Mittel der Transformation sind laut WEF Innovation, Wissenschaft und Technologie. Allein auf die Überzeugungskraft der aus diesen Bereichen erwarteten Fortschritte möchte man sich anscheinend aber nicht verlassen. Der European Green Deal sieht vielmehr zwei Wege vor, um die Transformation voranzutreiben. Sie können mit dem Begriffspaar „Fordern und Fördern" zusammengefasst werden. Zum Fördern gehört zweierlei: zum einen die Begünstigung „grüner" bzw. „nachhaltiger" Forschungsprojekte und Wirtschafts-unternehmen bei Investitionen, zum anderen Entschädigungs-zahlungen für die vom ökonomischen Strukturwandel besonders betroffenen Regionen. Das Fordern besteht demgegenüber aus politischen Vorgaben in Form von verschärften Grenzwerten für die Automobilindustrie und die Landwirtschaft, aus ambitionierteren staatlichen CO_2-Einsparungszielen sowie aus Strafsteuern auf fossile Energieträger und deren Nutzung.

Gemäß Wikipedia ist Nachhaltigkeit „ein Handlungsprinzip zur Ressourcen-Nutzung, bei dem eine dauerhafte Bedürfnisbefriedigung durch die Bewahrung der natürlichen Regenerationsfähigkeit der beteiligten Systeme (vor allem von Lebewesen und Ökosystemen) gewährleistet werden soll". Was das für die Wirtschaft bedeutet, lässt sich bei den Vereinten Nationen in deren Agenda 2030 nachlesen, konkret im zwölften ihrer „17 Ziele einer nachhaltigen Entwicklung" zum Thema „nachhaltiger Konsum und nachhaltige Produktion". „Sustainable consumption and production", so heißt es dort, „is about doing more and better with less. It is also about decoupling economic growth from environmental degradation, increasing resource efficiency and promoting sustainable lifestyles."

Doing more and better with less – aus weniger mehr und Besseres machen. Die Formel bringt auf den Punkt, worum es beim nachhaltigen Wirtschaften auf Produzenten- wie auch auf Konsumentenseite geht: weniger zu verbrauchen. Innovative Technologien sollen dann aus diesem Weniger ein besseres Mehr schaffen. Allerdings existieren viele dieser Technologien noch nicht: leichte, ressourcenschonend herzustellende Batterien mit hoher Speicherkapazität für Elektroautos zum Beispiel; im industriellen Maßstab einsetzbare Stromspeicher zur Zwischenspeicherung von Wind- und Solarstrom; umweltverträglichere Anbaumethoden ohne Ertragseinbußen für die Landwirtschaft usw. Zwar liest man immer wieder von unmittelbar bevorstehenden technologischen Durchbrüchen, doch zeigt sich bei genauerem Hinsehen dann zumeist doch, dass es sich nur um hoffnungsvoll stimmende Tests oder Laborergebnisse handelte und es noch ein weiter Weg bis zur industriellen Nutzung oder gar zur Serienreife eines Produkts ist.

Bei der anstehenden Transformation von Wirtschaft und Gesellschaft könnte es daher durchaus so laufen, dass zunächst nur das Weniger umgesetzt wird, ehe dann das Mehr und das Besser an die Reihe kommen: weniger (weit) reisen, weniger Kreuzfahrten unternehmen, auch weniger Spritztouren, weniger fliegen, seltener im Privatwagen fahren, weniger Fleisch essen, auf weniger Wohnraum leben, weniger heizen, weniger grillen, weniger Kleider kaufen, seltener ins Restaurant gehen, weniger Strom verbrauchen, weniger Konzerte und Festivals besuchen, weniger exotische Früchte konsumieren usw. usf. Den Verbrauch kann man durch Verbote und Kontingentierung auch dann schon reduzieren, wenn die benötigten neuen Technologien zur Errichtung der Wirtschaft der Zukunft noch nicht oder nicht im erforderlichen Umfang vorhanden sind (eine flächendeckende Ladeinfrastruktur für Elektroautos zum Beispiel).

Eine solche Vorgehensweise könnte allerdings zu gesellschaftlichen Konflikten führen. Denn zu solch tugendhaftem Verhalten, wie es das Transformationsprojekt zur Erreichung seines Ziels von mehr „Nachhaltigkeit" von jedem Einzelnen verlangt, indem es eine gehörige Portion Mäßigung und Verzicht – „zugunsten zukünftiger Generationen" – einfordert, ist nicht jeder bereit. Es ist daher auch wenig verwunderlich, dass auf den erforderlichen Konsumverzicht in den Programmschriften der Transformation meist an eher weniger prominenter Stelle eingegangen wird.

Bereits anhand der wenigen genannten Beispiele wird deutlich, dass die Transformation vermutlich mit Wohlstandseinbußen (z. B. beim Wohnraum) und mit dem Verlust individueller Freiheiten (z. B. beim Reisen) einhergehen wird. Einige dieser Einbußen und Freiheits- verluste werden temporär sein (die Mobilitätseinschränkungen und Energieengpässe bspw.), andere möglicherweise dauerhaft (z. B. die

Ernährungsvorschriften). Wie lange die temporären Einschränkungen andauern werden, hängt davon ab, wann die technischen Innovationen verfügbar sein werden, die zu ihrer Behebung benötigt werden. Das Risiko, dass sie auf sich warten lassen, ist zweifellos gegeben. Damit besteht zugleich das Risiko, dass die Transformation der Wirtschaft eine Rückkehr Deutschlands zur Normalität erschwert bzw. ein Erreichen des alten Wohlstands- und Freiheitsniveaus auf absehbare Zeit verhindert, ja im Gegenteil sogar eher zu weiteren Krisen führt. Da es jedoch auch keineswegs ausgeschlossen ist, dass alles wunschgemäß verläuft und alle benötigten Innovationen termingerecht zur Verfügung stehen werden, *gehen wir von einer mittleren Eintrittswahrscheinlichkeit (Skalenwert 3, gewichtet: 5) des Risikos, dass die Transformation der Wirtschaft zu Wohlstands- und Freiheitseinbußen führt, aus.*

An der Durchführung des Transformationsprojekts besteht angesichts der massiven Unterstützung, die es von Politik, Wirtschaft und Medien erfährt, kein Zweifel. So plant die EU-Kommission ein Klimagesetz, das die im European Green Deal angestrebte Transformation von Wirtschaft und Gesellschaft „unumkehrbar machen und Klimaneutralität rechtsverbindlich festschreiben" soll, wie der BDI im Europateil seiner Website schreibt. In Deutschland läuft derweil seit Oktober 2019 das „Klimaschutzprogramm 2030", durch das die Bundesregierung mittels CO_2-Bepreisung und verschiedener staatlicher Fördermaßnahmen in den Bereichen Wohnen (energetische Gebäudesanierung, Ersetzung von Ölheizungen), Mobilität (Subventionierung von Elektroautos, höhere Besteuerung von Fahrzeugen mit Verbrennungsmotor, Ausbau der Ladeinfrastruktur, Bezuschussung des ÖPNV und der Deutschen Bahn), Landwirtschaft (Ökolandbau), Industrie (energiesparende Produktion), Energiewirtschaft (Kohleausstieg, Ausbau von Wind- und Solarenergie) und Forschung und Entwicklung (Wasserstoff, Batteriezellfertigung, CO_2-Speicherung und -Nutzung) in den nächsten zehn Jahren ihr „Klimaschutzziel" von 55 % weniger Treibhausgasemissionen als 1990 erreichen will. Die 2020er Jahre, so heißt es auf bundesregierung.de, werden „das Jahrzehnt der Umsetzung von Energie- und Mobilitätswende".

Auch an den Zielterminen wird sich voraussichtlich nicht rütteln lassen, jedenfalls nicht im Sinne einer Verschiebung nach hinten. Denn obwohl grundsätzlich immer die Möglichkeit bestünde, den Transformationsprozess so lange hinzuzögern, bis alle technologischen Hilfsmittel zur Verfügung stehen und sich der Vorgang für Wohlstand und Freiheit der Bürger „kostenneutral" durchführen lässt, hat sich die Politik durch die Übernahme der These von der unmittelbar bevorstehenden Klimakatastrophe, zu deren Abwendung die Transformation ja ganz wesentlich beitragen soll, selbst den denkbar größten Zeitdruck auferlegt. Ohne einen grundlegenden Politikwechsel à la Trump wird gegen das Argument des drohenden Klimakollapses keine Terminverschiebung durchsetzbar sein. Ein solcher Politikwechsel zeichnet sich in Deutschland und Europa aber nirgends ab, zumindest nicht in der näheren Zukunft.

(Drei Randbemerkungen hierzu: 1. Während zu allen Zeiten und in allen Kulturen der Mensch als ein dem Klima hilflos ausgesetztes Wesen angesehen wurde, welches ihm weit überlegene Mächte – Götter, Dämonen, Geister – um gedeihliche Verhältnisse und gutes Wetter bitten muss, unterstellt der heutige Klimaschutzbegriff ein diametral entgegengesetztes Verhältnis. Nach ihm ist es der Mensch, der dem Klima die Bedingungen diktiert und offenbar in der Lage ist, es sowohl zu schädigen – Stichwort: anthropogener Klimawandel – als auch zu schützen. Ohne den schädlichen Einfluss der menschlichen Industriegesellschaft, so lautet die Botschaft, würde sich das Klima in gemäßigten und für Mensch und Natur bekömmlichen Grenzen bewegen. Mit seiner Wirtschaftsweise sorge der moderne Mensch aber dafür, dass das Klima diese Grenzen zu überschreiten drohe – mit existenzbedrohenden Folgen für Mensch und Natur. Daher müsse das Klima vor dem schädlichen Einfluss des Menschen geschützt werden, und zwar vom Menschen selbst.

2. Ziel der Klimaschutzmaßnahmen ist die größtmögliche Reduktion der vom Menschen zu verantwortenden CO_2-Emissionen, da man in diesen den Hauptklimaschädling erkannt zu haben glaubt. Wie beim Coronavirus setzt man auch beim Klima bei der (in diesem Fall: vermuteten) Ursache an und versucht, diesen Faktor so weit wie möglich zu minimieren. Logischer wäre es, seine Anstrengungen zuvörderst darauf zu konzentrieren, Mittel und Wege zu finden, um sich mit einer Klimaerwärmung möglichst gut arrangieren zu können. Diesen Weg beschreitet man jedoch nur sehr zögernd und zumeist fernab des Lichts der breiten Öffentlichkeit. Logischer wäre ein solcher Ansatz deshalb, weil man ja durchaus an CO_2 als Haupt- oder auch als einzige Ursache des Klimawandels glauben kann, dieser Glaube – wie jeder Glaube – aber auch falsch sein kann und sich irgendwann herausstellen könnte, dass es eine oder mehrere andere und mindestens ebenso gewichtige Ursachen für den Klimawandel gibt, eine größere oder geringere Sonnenaktivität zum Beispiel. *Errare humanum est*, weiß der Lateiner. Immerhin wird bspw. die These vom bestimmenden Einfluss der Sonne auf das Klima auch von einem Teil der Klimaforscher vertreten. In der Klimaforschung, das gerät mitunter in Vergessenheit, gibt es wie in jeder Wissenschaft mehr als einen Standpunkt. Überhaupt ist Wissenschaft ja nicht auf Konsens aus, sondern bezieht ihre Kraft aus dem Streit um die beste Erklärung eines Phänomens. Wissenschaft liefert keine Gewissheiten, ihr Motor ist vielmehr der Zweifel. Man könnte sogar so weit gehen, Wissenschaft und Zweifel gleichzusetzen. Das sollten alle beherzigen, die beim Thema Klimaschutz „Folgt der Wissenschaft!" rufen. Denn sie fordern damit eben nicht zur bedingungslosen Anerkennung einer bestimmten These auf, sondern zu deren umfassender Kritik. Unter dieser Voraussetzung aber, dass uns die Wissenschaft keine letzte

Gewissheit über den maßgeblichen Faktor der Klimaerwärmung geben kann, lautet die logische Konsequenz, sich nicht auf die Eliminierung der vermeintlichen Ursache – i. e. des menschengemachten CO_2 – zu fokussieren, sondern auf die Bewältigung der absehbaren Folgen, ganz egal, welche Faktoren diese im Einzelnen hervorgerufen haben mögen. Auf diese Weise würde man sicherstellen, dass der Schaden für den Menschen minimiert würde. Parallel könnte man sich immer noch der Bekämpfung der vermuteten Ursachen widmen. Man gewönne aber Zeit, um das Phänomen zum einen weiter zu beobachten, zum anderen besser zu verstehen.

3. CO_2 ist ein Spurengas. Sein Anteil an der Atmosphäre beträgt derzeit rund 400 ppm oder 0,04 %. Von diesen 0,04 % fallen nur etwa 3–4 % unter die Kategorie „menschengemacht", der Rest stammt aus natürlichen Quellen, auf die der Mensch keinen Einfluss hat, Vulkanen oder den Meeren zum Beispiel. Nehmen wir großzügig gerundet 5 % menschengemachtes CO_2 an: Deutschland ist für 2 % des globalen menschengemachten CO_2 verantwortlich. Worauf Deutschland also Einfluss hat, sind [5 % x 2 % =] 0,1 % des weltweiten menschengemachten CO_2 oder [0,04 % x 5 % x 2 % =] 0,00004 % (das sind 0,4 ppm) des insgesamt in der Atmosphäre enthaltenen CO_2. Das heißt: Selbst wenn Deutschland seine CO_2-Produktion komplett einstellen würde – was bedeuten würde, dass in Deutschland kein Mensch mehr atmet, kein Schornstein mehr raucht und kein Auto mehr fährt –, würde sich die CO_2-Konzentration in der Atmosphäre um lediglich 1 Promille verringern, von 400 ppm auf 399,6 ppm. Da Deutschland aber auch nach Ansicht der radikalsten Klimaschützer nicht entvölkert und renaturiert werden soll, wird die Einsparung in der Praxis noch einmal deutlich geringer ausfallen. Für diesen minimalen Effekt wird ein gewaltiger Aufwand zu ebenso gewaltigen Kosten betrieben. Die Preisfrage lautet da doch: Lohnt sich das? Oder wäre es nicht sinnvoller, sich um den Schutz vor den Folgen zu

kümmern? Sicher sind Systeme bekannt, bei denen minimale Veränderungen große Wirkung haben können, der menschliche Körper z. B., wenn er von einem Krebsgeschwür befallen wird, doch ist bei diesen Systemen zumindest die Wirkweise dieser kleinen Veränderungen hinreichend geklärt, um ihren Einfluss auf das Gesamtsystem bestimmen zu können. Für das Klima und den diesbezüglichen Einfluss des CO_2 kann dies jedoch nicht gesagt werden. Die immer neuen Klimamodelle mit ihren nicht unerheblich divergierenden Vorausberechnungen zukünftiger Klimaverhältnisse legen hierfür beredtes Zeugnis ab.)

Die Folgen der Transformation werden an vielen Stellen sicht- und spürbar werden. Für die Maßnahmen im Zuge der Energiewende gilt dies schon heute: Überall in Deutschland trifft man auf Windfarmen und Solarparks, aus der Luft erkennt man die Vielzahl der Solaranlagen auf den Hausdächern, die Strompreise für private Verbraucher sind in Deutschland die höchsten der Welt (Quelle: Statista), und nachdem das AKW Philippsburg Ende 2019 endgültig vom Netz gegangen war, wurde es nicht etwa eingemottet, um im Notfall wieder hochgefahren werden zu können, sondern wurden seine beiden Kühltürme am 14. Mai 2020 öffentlichkeitswirksam gesprengt.

Damit ist die Energiewende aber keineswegs abgeschlossen. Vielmehr will sich Deutschland von Atomkraft und Kohleverstromung endgültig trennen, von ersterer nach derzeitiger Planung bis 2022, von letzterer bis 2038. Beide zusammen deckten 2019 rund 43 % des Strombedarfs: Atomkraft 13 %, Kohle 30 %. Ersetzt werden sollen sie durch den Ausbau von Wind- und Solarenergieanlagen einerseits, durch die „Brückentechnologie" Gaskraftwerke andererseits.

Für 2019 betrugen die von Wind und Sonne gelieferten Strommengen 126 bzw. 46 TWh. Das entsprach einem Anteil von 22 % bzw. 8 % des Jahresstrombedarfs. Nach dem „Klimaschutzprogramm 2030" der Bundesregierung sollen sie künftig 65 % des Strombedarfs decken, die Zahl ihrer Anlagen müsste bis 2030 also um mehr als das Doppelte steigen. Auch wenn diese zusätzlichen Anlagen den Anteil von Atom- und Kohlestrom am Strommix fast vollständig ersetzen würden, dürfte es dennoch schwierig werden, innerhalb eines Jahrzehnts einen solch massiven Ausbau zu bewerkstelligen. Denn die für die Wind- und Solarstromerzeugung (besonders) geeigneten Flächen sind begrenzt und werden vielfach bereits genutzt. Auch erreicht eine große Zahl von Windrädern allmählich das Ende ihrer ca. 20-jährigen Laufzeit und muss ersetzt werden. Zugleich steigt der Widerstand betroffener Bevölkerungsgruppen gegen den Bau neuer Windräder und Stromtrassen.

Entscheidend ist aber etwas anderes: Wind- und Solarenergie sind nicht grundlastfähig. Wie der Name schon sagt, fällt die Grundlast immer an, rund um die Uhr. Sie bezeichnet den Sockelbetrag, unter den der Stromverbrauch – genauer: der Strombedarf – nie fällt. Um grundlastfähig zu sein, muss eine Energiequelle 24 Stunden am Tag und 7 Tage die Woche zur Verfügung stehen. Windenergie kann aber nur bereitgestellt werden, wenn der Wind weht, Solarenergie nur, wenn die Sonne scheint, und beides ist regelmäßig nicht oder nur sehr begrenzt der Fall, mitunter auch über längere Zeiträume, insbesondere nachts und in den Wintermonaten. Gegenüber diesen regelmäßig eintretenden Fällen verminderter oder ganz ausfallender Stromproduktion fällt es vergleichsweise weniger ins Gewicht, dass Wind- und Solarenergieanlagen aufgrund ihrer schon heute hohen installierten Leistung bei für sie günstigen Wetterbedingungen teilweise so viel Strom produzieren, dass eine Überdeckung erreicht wird und Strom exportiert werden muss. Diese Schwankungsbreite würde sich durch eine Vergrößerung der installierten Leistung aber weiter vergrößern.

Was zur Glättung der Schwankungen benötigt wird, sind Stromspeicher, in die zu viel produzierter Strom eingespeist und aus denen er bei Bedarf wieder entnommen werden kann. Solche Speicher sind im benötigten industriellen Maßstab derzeit aber nicht verfügbar. Bei den Batterien ist ein technischer Durchbruch nicht in Sicht. Für (noch mehr) Pumpspeicherkraftwerke steht nicht ausreichend Platz zur Verfügung. Und Wasserstoff dürfte aufgrund der hohen Energiekosten zu seiner Gewinnung und Verdichtung sowie dem niedrigen Wirkungsgrad bei seiner Verstromung als Energieträger ebenfalls kein geeigneter Kandidat sein: Von der Energie, die zu seiner Gewinnung bspw. aus Wasser aufgewendet werden muss, erhält man am Ende nur rund ein Drittel wieder zurück, und gelagert und transportiert werden müsste er auch noch irgendwie.

Wie das Beispiel Wasserstoff zeigt, gehören zur Speicherproblematik auch die Umwandlungsverluste. Um den „überschüssigen" Strom aus Wind- und Sonnenenergie irgendwo zwischenzuspeichern, wird zusätzliche Energie benötigt. Es müsste also noch einmal mehr Strom produziert werden, die installierte Leistung müsste noch weiter erhöht werden.

Ein Ausweichen auf die beiden prinzipiell grundlastfähigen „erneuerbaren" Energielieferanten Biomasse und Wasserkraft kommt nicht infrage, da sich beide Energiequellen nicht im benötigten Umfang skalieren lassen. 2019 deckten sie zusammen gerade einmal etwas mehr als 12 % des Strombedarfs ab – zu wenig, um die Stromtäler der Wind- und Solarenergie auszugleichen.

Aus diesem Grund wird auf Gaskraftwerke gesetzt. Diese stehen derzeit aber nicht in ausreichender Anzahl zur Verfügung. Laut Umweltbundesamt gibt es aktuell (2020) in Deutschland 105 Gaskraftwerke mit einer installierten Leistung von 25,8 GW. Im Jahr 2019 produzierten sie 91 TWh Strom und deckten damit knapp 16 %

des Strombedarfs. Bei einem Wirkungsgrad von ca. 60 %, den man für moderne Gaskraftwerke annimmt, hätten sie unter Volllast 137 TWh leisten und damit 24 % des Bruttobedarfs decken können. Laut Wikipedia sind 17 weitere Gaskraftwerke mit einer installierten Leistung von ca. 10 GW geplant oder im Bau. Unterstellt man auch hier einen Wirkungsgrad von 60 %, entspräche dies einer zusätzlichen Kapazität von ca. 53 TWh oder 9 % des Bruttostromverbrauchs 2019. Zusammen mit dem Altbestand käme man damit auf etwa 33 % Bedarfsdeckung. Das würde zwar bei Weitem nicht ausreichen, um die rund 43 % Strom aus Kern- und Kohlekraft durch eine ebenfalls grundlastfähige Alternative zu ersetzen, doch scheint der Plan hinter dem Stromkonzept der Zukunft ein anderer zu sein: Sollten die grundlastfähigen Stromquellen Gas, Wasser und Biomasse zu einem bestimmten Zeitpunkt nicht genügend Strom zur Deckung des Bedarfs erzeugen und Wind- und Solaranlagen aufgrund widriger Wetterbedingungen die Differenz nicht ausgleichen können, wird auf die noch weiter zu erhöhende „Flexibilität" (Bundesministerium für Wirtschaft und Energie) des Stromsystems gesetzt, die einen Ausgleich zwischen Angebot und Nachfrage ermöglichen soll. Konkret dürfte dies darauf hinauslaufen, dass entweder Strom aus dem europäischen Ausland importiert wird oder, wenn auch dies nicht möglich ist, einige Verbraucher zeitweise nicht beliefert werden.

Mit der Abschaltung der Atom- und Kohlekraftwerke werden zwei wichtige Säulen zur Deckung der Grundlast entfernt, obwohl noch kein vollwertiger Ersatz zur Verfügung steht: Gaskraftwerke müssen noch gebaut, passende Stromspeicher noch gefunden werden. Während die Verminderung der grundlastfähigen Kapazitäten schon real stattfindet und sich in naher Zukunft noch einmal deutlich verstärken wird – schon 2022 wird Deutschland das bisher benötigte Grundlastniveau vermutlich nicht mehr abdecken können, weil nicht mehr genügend Atom- und Kohlekraftwerke am Netz sind –, muss von den vorgesehenen Alternativen teilweise noch im Konjunktiv bzw. Futur gesprochen werden.

Und dabei gibt es schon heute mitunter erhebliche Versorgungsschwierigkeiten. Gerade – aber nicht nur – in den sonnen- und windarmen Wintermonaten ist Deutschland mehrmals pro Woche Stromimporteur, weil die Stromerzeugung im Inland für die Spitzenzeiten am Morgen und am frühen Abend nicht ausreicht. (Wen die Details interessieren, der kann sich auf achgut.com die wöchentliche Artikelserie *Woher kommt der Strom?* von Rüdiger Stobbe ansehen, in der die deutsche Stromproduktion minutiös nachgezeichnet wird.) Wenn Wind- und Solarenergie ganz oder weitgehend ausfallen, müssen konventionelle Stromerzeuger einspringen. Haben die Kohle- und Atomkraftwerke aber nicht genug Reserven zum Hochfahren oder reagieren sie schlicht nicht (schnell genug), muss Strom aus dem benachbarten Ausland importiert werden. In der Regel handelt es sich dabei um den in Deutschland so übel beleumundeten Atomstrom.

Nebeneffekt für den Strompreis: Strom wird an Strombörsen gehandelt. Ist zu wenig Strom im Markt vorhanden, steigt der Preis, bei zu viel Strom sinkt er – auf null oder sogar noch darunter. Das kommt regelmäßig vor, wenn Deutschland nicht weiß, wohin mit seinem „überschüssigen" Wind- und Solarstrom. Wenn dieser dann zu einem negativen Preis exportiert wird, muss Deutschland den Abnehmern im Ausland zum Strom noch Geld mit dazugeben, nur um seinen zu viel produzierten Strom loszuwerden. Umgekehrt zahlt Deutschland für Importstrom vielfach deutlich höhere Preise, als es für seinen Exportstrom erlöst. Der Saldo ist dadurch fast jede Woche negativ. Die zusätzlichen Kosten zahlt am Ende der deutsche Stromkunde, da sie auf den Strompreis umgelegt werden.

Im Bereich der Energieversorgung birgt die Transformation folglich vielerlei Risiken, die sich aus dem Hauptrisiko einer wiederkehrenden temporären Stromunterversorgung ergeben: weiter steigende Strompreise; vermehrtes Auftreten sogenannter „Lastabwürfe" („Brownouts"), d. h. gezielter kurzfristiger Abschaltungen energie-intensiver Industrieunternehmen (Aluhütten, Kupferhütten, Stahlwerke, Glaswerke, Walzwerke), die außer zu Produktionsausfällen auch zu Schäden an den Maschinen führen können; Strom-rationierungen für private Haushalte (via Smart-Meter); regionale Blackouts; die Abwanderung energieintensiver Industrien (Alu, Kupfer, Stahl, Glas).

Ferner ergibt sich aus dem vorgesehenen Energiekonzept, dass Deutschland – sollte das Konzept so Wirklichkeit werden – über die Menge des zur Verfügung stehenden Stroms nicht mehr vollständig selbst entscheiden können wird. Es wird abhängig sein von Sonne, Wind und dem Ausland, das ihm Gas sowie im Notfall auch Strom, in der Regel Atomstrom, zur Verfügung stellt – oder eben nicht. Mit anderen Worten: Deutschland wird Souveränität einbüßen und nicht mehr in vollem Umfang selbst entscheiden können, welche Industrien in Deutschland beheimatet sind und welche strombasierten Technologien hier entwickelt und genutzt werden können. Deutschland wäre energiepolitisch erpressbar.

Vor diesem Hintergrund, und damit leiten wir über zur Verkehrswende, erscheint es fraglich, wie der zusätzliche Strombedarf gedeckt werden soll, den der politisch forcierte Ausbau der Elektromobilität mit sich bringen würde. Glaubt man Tesla-Chef Elon Musk, ist für die Elektrifizierung des gesamten Verkehrssektors gegenüber heute immerhin die doppelte Menge an Strom nötig. Der „Masterplan Ladeinfrastruktur", den die Bundesregierung im November 2019 beschlossen hat, sieht vor, die Zahl der öffentlich zugänglichen Ladepunkte von damals 21'100 auf 1 Million im Jahr 2030 zu erhöhen. Im gleichen Zeitraum wird ein Anstieg der zugelassenen Elektroautos von 220'000 auf 10 Millionen angepeilt (der „Klimaschutzplan 2030" beziffert den Zielwert etwas vorsichtiger mit 7–10 Millionen Fahrzeugen). Um diese Ziele zu erreichen, subventioniert die Bundesregierung sowohl den Ausbau der Ladeinfrastruktur durch Private und Autohersteller als auch den (Ver-)Kauf von Elektroautos (mit bis zu 6'000 EUR pro Fahrzeug). Umgekehrt werden Fahrzeuge mit Verbrennungsmotor ab 2021 sukzessive direkt und indirekt verteuert, zum einen über eine nach CO_2-Verbrauch bemessene Kfz-Steuer, zum anderen über die CO_2-Bepreisung beim Tanken.

Das Ziel dieses Vorgehens ist klar: Das Auto mit Verbrennungsmotor soll über kurz oder lang verdrängt und vom Elektroauto ersetzt werden. Weltweit haben bereits mehrere Länder angekündigt, Benziner und Diesel in Zukunft verbieten zu wollen, Norwegen bspw. schon ab 2025. Da aber Elektroautos in der Entwicklung und vor allem auch in der Produktion weniger aufwendig sind als Verbrenner, wird von vielen Beobachtern angenommen, dass dieser Vorgang unterm Strich mehr Arbeitsplätze kosten wird, als neue durch ihn geschaffen werden. In der Presse waren Schätzungen von netto 120'000–160'000 Stellen zu lesen, welche der deutsche Automobilbereich bis 2030 verlieren werde. Ob alle, die dann ihren Job verlieren, eine „Anschlussverwendung" (Philipp Rösler) in einer „zukunftsfähigen" Branche finden werden, weiß niemand. Sollten sie mehrheitlich zur Babyboomergeneration gehören, könnten sie zumindest aus dem Arbeitsleben mehr oder weniger übergangslos ins Rentnerdasein wechseln. Bei der Finanzierung ihrer Renten (und nicht nur ihrer) wird man die reduzierte Stellenzahl in der Autobranche dann freilich doch noch merken. Denn dass bis dahin über 100'000 neue Stellen in anderen Wirtschaftsbereichen geschaffen werden können, noch dazu mit vergleichbarem Lohn-, Gehalts- und Sozialleistungsniveau (Stichwort: Rentenversicherung), erscheint zumindest fraglich.

Neben Arbeitsplatzverlusten in der Automobilbranche lässt die Verkehrswende auch Mobilitätseinschränkungen erwarten, besonders für die Bezieher niedriger Einkommen. Trotz aller

Subventionen sind Elektroautos nämlich teuer, vor allem diejenigen mit größerer Reichweite. Dennoch haben sie auch im Hochpreissegment eine deutlich geringere Reichweite als Verbrenner. Zudem benötigen sie erheblich mehr Zeit zum Auftanken. Das schnelle Zurücklegen großer Distanzen, das man von Autos mit Verbrennungsmotor gewöhnt ist, ist mit ihnen beim heutigen Stand der Technik nicht möglich. Wem das Geld für ein Elektroauto oder den immer teurer werdenden Verbrenner fehlt, der wird für kurze Distanzen auf ÖPNV oder Fahrrad angewiesen sein, für längere Strecken auf die Bahn; das Fliegen dürfte nicht mehr in Frage kommen, da dieses über die CO_2-Bepreisung immer mehr verteuert werden soll. Viele Verrichtungen des Alltags werden unter diesen Bedingungen schwieriger durchzuführen sein – das reicht vom Weg vom Dorf zur Arbeit in die Stadt über das Bringen der Kinder zur Kita bis zum Heimtransport des Wocheneinkaufs vom Supermarkt. Fernreisen dürften für viele nur noch selten bis gar nicht mehr möglich sein.

Im Landwirtschaftsbereich zielt die Transformation auf Deindustrialisierung der Produktion. Verschärfte Grenzwerte sollen den Einsatz chemischer Pflanzenschutzmittel sowie von Gülle als Dünger reduzieren, im Gegenzug soll die Ökolandwirtschaft weiter gefördert und ausgebaut werden. Zugleich schreitet die Bürokratisierung mit jeder weiteren Verordnung voran – Landwirt zu sein wird immer mehr zum Bürojob mit angeschlossener Freiluftbetätigung. Massentierhaltung ist schon länger in der Kritik, und seit Schlachtbetriebe auch als Corona-Hotspots gelten, dürften ihre Karten zukünftig noch schlechter stehen.

Weniger Pflanzenschutz und weniger Dünger bedeuten weniger Erträge. Mehr Auflagen und mehr Bürokratie bedeuten geringere Margen und weniger Motivierte, die den Job des Landwirts ausüben wollen. Beides zusammen gefährdet die Versorgungssicherheit mit Lebensmitteln. Schon heute – die letzten Zahlen stammen von

2018/19 – liegt der Selbstversorgungsgrad bei zentralen Lebensmitteln wie Getreide (91 %), Eiern (72 %), Obst (22 %) und Gemüse (36 %) deutlich unter 100 %. Diese Nahrungsmittel muss Deutschland importieren, um seinen Bedarf decken zu können. In Pandemiezeiten, wo weltweit Lebensmittelausfuhren gedrosselt werden, um sicherzustellen, dass zunächst und vor allem die einheimische Bevölkerung versorgt werden kann, ist das ein riskanter Weg. Eine Versorgungskrise ist dennoch nicht zu befürchten. Bei Fleisch (116 %), Milch (111 %), Käse (121 %), Kartoffeln (138 %) und Zucker (161 %) produzieren Deutschlands Landwirte Überschüsse. Es könnte also allenfalls zu Engpässen bei bestimmten Produkten kommen.

Zu den weniger offensichtlichen Auswirkungen der Transformation gehört die fortschreitende Umwandlung der Marktwirtschaft in eine Planwirtschaft. In einer Marktwirtschaft entscheiden (in der Theorie) Angebot und Nachfrage darüber, welche Produkte angeboten werden und welche sich durchsetzen. Die Frage, wie diese Produkte hergestellt werden, entscheidet der Wettbewerb. Dasjenige Unternehmen, das über die effizienteste Produktionsmethode verfügt, kann sein Produkt zum besten Preis anbieten. Auch die Berücksichtigung bspw. ökologischer Gesichtspunkte bei der Warenproduktion steuert die Nachfrage. Wenn den Kunden eine „nachhaltige" Produktion wichtig ist, werden sie entsprechend hergestellte Produkte verstärkt nachfragen, selbst wenn sie aufgrund aufwendigerer Herstellungsverfahren mehr kosten als „herkömmlich" hergestellte Produkte.

Vom Grundsatz her sollten diese Prinzipien auch in der deutschen Form der Marktwirtschaft, der „sozialen" Marktwirtschaft, gelten. Das „soziale" Element erstreckt sich ja mehr auf den Einkommensbereich und den Arbeitsmarkt als auf den Markt für Waren und Dienstleistungen. Einschränkungen des Warenangebots gab es in Deutschland zu Beginn eigentlich nur für Produkte, die mit Symbolen aus dem Dritten Reich versehen waren. Später kamen noch gentechnisch veränderte Nahrungsmittel hinzu. Seitdem Deutschland aber seine verschiedenen „Wenden" ins Werk setzt (Energiewende, Verkehrswende, Mobilitätswende, Ernährungswende etc.), nehmen die Eingriffe ins Warenangebot zu.

Das Vorgehen ist dabei zweigleisig. Der eine Teil der Produkte wird gesetzlich verboten. Hierzu zählen etwa Atom- und Kohlestrom. Die gängige Sprachregelung verbrämt diese Verbote zwar als „Ausstieg", der Sache nach handelt es sich aber um (zeitlich gestreckte) Verbote. Weitere mit Verboten belegte Produkte sind Glühbirnen, Plastiktüten, diverse Plastikeinmalprodukte (Trinkhalme, Rührstäbchen, Geschirr, Besteck, Wattestäbchen), To-go-Becher und Einwegbehälter aus Styropor – die Liste ließe sich fortsetzen. Wo kein direktes Verbot erfolgt, und das ist die zweite Vorgehensweise, werden die Produktionsbedingungen und damit die Marktchancen der betreffenden Produkte systematisch und planmäßig durch staatliche Vorgaben erschwert und verschlechtert, bis sich die Herstellung irgendwann weder für den Produzenten noch für den Konsumenten mehr lohnt. Das gilt insbesondere für Autos mit Verbrennungsmotor.

Was hier geschieht, ist die Aushöhlung der Marktwirtschaft und ihre allmähliche Ersetzung durch eine staatliche Planwirtschaft. Der Staat entwirft Pläne (einen „Klimaschutzplan 2030", einen „Masterplan Ladeinfrastruktur" usw.), welche die Wirtschaft anschließend zu erfüllen hat. Die Verbindlichkeit der Pläne wird an den Formulierungen deutlich. So heißt es bspw. auf der offiziellen Webseite der Bundesregierung zum „Klimaschutzplan 2030": „Die Industrie *muss* ihre Emissionen bis 2030 um rund die Hälfte (im Vergleich zu 1990) mindern." (Hervorhebung M. B.)

Der Staat fordert ganz konkrete Ergebnisse ein. Zugleich gibt er den Weg der Zielerreichung vor, indem er bestimmte Produkte (z. B.

Elektroautos) subventioniert („fördert") und ihre Konkurrenzprodukte (in diesem Fall Verbrennungsmotoren) schlechterstellt. Solche Entscheidungen trifft der Staat unabhängig von der tatsächlichen Nachfrage, also unabhängig vom Markt. Um beim Beispiel Elektroautos zu bleiben: Der Entwicklungsleiter von BMW, Klaus Fröhlich, gab im Juni 2019 zu Protokoll, dass es bei BMW „keine Kundenwünsche für Elektroautos gibt. Keine. Es gibt regulatorische Anfragen für E-Autos, aber keine Kundenanfragen." (Quelle: elektroauto-news.net.) Der Staat fordert von der Industrie also die Fertigung eines Produkts, das – überspitzt formuliert – niemand haben will. Entsprechend vehement pochen die Automobilhersteller auf staatliche Entschädigungen für ihre Planerfüllung, z. B. steuerfinanzierte Kaufprämien für Elektroautos.

Was die Ziele dieser neuen Planwirtschaft betrifft, so sind diese, wir haben es eingangs erwähnt, unter dem etwas schwammigen Begriff der „Nachhaltigkeit" subsumiert. Die Elastizität des Begriffs hat zur Folge, dass im konkreten Einzelfall jeweils erst definiert werden muss, was genau „nachhaltig" in diesem speziellen Fall eigentlich heißen soll. Dass etwa ein Elektroauto als nachhaltiges Produkt im Sinne der oben zitierten Wikipedia-Definition gilt, ergibt sich ja nicht zwingend aus den reinen Produktdaten, wenn man bspw. an die Batterieherstellung und -entsorgung oder an den zum Betrieb benötigten Strom denkt, der ja auch erst einmal irgendwie produziert werden muss. Das heißt aber, dass eine relativ kleine Gruppe von Leuten, im Wesentlichen bestehend aus den Regierungen und ihren Beratern, definiert, was unter Nachhaltigkeit in den verschiedenen Bereichen zu verstehen ist, um dann allen anderen vorzuschreiben, wie sie zu leben, was sie zu konsumieren und wie sie ihre Waren zu produzieren haben.

Ja, auch wie sie zu leben haben. Transformiert werden soll nämlich nicht nur die Wirtschaft, sondern auch das Verhalten der Bürger. Das fängt bei den Essgewohnheiten an (regionale Produkte, möglichst vegan/vegetarisch usw.) und hört bei der Wahl des Fortbewegungsmittels (Bus, Bahn, Car-Sharing, Fahrrad usw.) nicht auf. Es gibt Nachhaltigkeitsempfehlungen für Haushalt und Wohnen, Heizen und Bauen, Garten und Freizeit sowie für Elektrogeräte – und das waren nur die Überschriften, zu denen das Umweltbundesamt „Umwelttipps für den Alltag" bereithält. Solange es bei solchen Tipps bleibt, ist nichts dagegen einzuwenden. Wenn der Staat aber zu verhaltenssteuernden Maßnahmen greift, indem er die Wahlmöglichkeiten des Bürgers durch Verbote einschränkt oder einzelne Optionen durch eigenes Zutun künstlich auf- und andere abwertet, steht dies im Widerspruch zum Konzept des mündigen Bürgers und damit der Basis der freiheitlichen Demokratie. Ein mündiger Bürger bildet sich sein Urteil selbst und entscheidet frei darüber, wie er leben möchte. Dazu gehört auch, dass er eigenständig auswählt, welche Produkte er verwendet und welche nicht.

Es dürfte deutlich geworden sein, dass die Auswirkungen der anstehenden Transformation der Wirtschaft erheblich sein werden, selbst dann, wenn alles „gutgeht" und sich am Ende mehr Chancen materialisiert haben werden als Risiken. Deutschland wird in vielerlei Hinsicht anders aussehen als vor 2020. ***Wir bewerten die Auswirkungen daher mit dem Skalenwert 5 („sehr hoch", gewichtet: 8).***

Zum Umgang mit diesem Risiko kann auf das verwiesen werden, was wir oben zu Risiko 1 angemerkt haben. Das Projektteam kann versuchen, das Risiko ***abzumildern***, indem es sich für einen Politikwechsel einsetzt, allzu viel erwarten sollte es sich davon aber nicht. Auswandern ist ebenfalls keine Option, da die Transformationsagenda global verfolgt wird, der Auswanderer also vermutlich nur vom Regen in die Traufe käme. Dem Team wird daher nicht viel anderes übrigbleiben, als das Risiko zu ***akzeptieren***.

3. Politische Risiken

Sowohl aus dem rechtsstaatlich-konservativen als auch aus dem freiheitlich-libertären Spektrum wird verschiedentlich die Befürchtung geäußert, der derzeitige Ausnahmezustand könnte von den Regierungen und ihren Parlamentsmehrheiten dazu verwendet werden, unliebsame Kritiker dauerhaft mundtot zu machen, indem Gesetze verabschiedet würden, durch die Kritik am Regierungshandeln erschwert werde und die auch dann noch in Geltung seien, wenn die Pandemie längst vorüber sei. Weiter wird befürchtet, dies könne die vielfach als „Spaltung" bezeichnete Polarisierung der Gesellschaft weiter befördern und die Gruppe derjenigen, die ihre Meinung nicht mehr unbefangen äußern können, weil sie mit sozialen oder gar strafrechtlichen Konsequenzen rechnen müssen, weiter vergrößern.

Für unsere Risikobetrachtung lässt sich daraus das Risiko ableiten, Deutschland könnte sich im Zuge einer solchen Entwicklung von einer freiheitlichen Demokratie zu einer stärker autoritären und repressiven Herrschaftsform wandeln. Da hierfür weder eine Änderung der Verfassung noch die Aufgabe der Selbstbezeichnung als Demokratie zwingend notwendig wäre, sondern letztlich nur die Akzeptanz der restriktiven Regelungen seitens der Bevölkerung, soll dieses neue Deutschland hier als nur mehr nominelle Demokratie, als *democracy in name only*, kurz: DINO, bezeichnet werden.

Der Umgang der Regierungen von Bund und Ländern mit dem Coronavirus sorgt für vielfältige Einschränkungen bürgerlicher Grundrechte, angefangen bei der Versammlungsfreiheit (Auflagen für Demonstrationen, Kontaktbeschränkungen) über die Bewegungsfreiheit (Aufenthalt im Freien nur zu bestimmten

Zwecken, in zahlenmäßig begrenzter Gesellschaft und teilweise nur in einem bestimmten Umkreis des Wohnorts), die freie Wahl des Aufenthaltsortes (Verbot des Aufenthalts am Zweitwohnsitz oder im Ferienhaus) und die Religionsfreiheit (Reglementierung des Gottesdienstbesuchs) bis hin zur Berufsfreiheit (Zwangsschließung von Betrieben). Ein solches staatliches Vorgehen ist ohne Zweifel als autoritär zu bezeichnen, auch dann, wenn es auf einer Ausnahmegesetzgebung beruht und nur zeitlich befristet zum Einsatz kommen soll. Es steht im Widerspruch zum Konzept des freien und mündigen Bürgers, wie es unserem Demokratieverständnis zugrunde liegt.

Begründet werden die Zwangsmaßnahmen mit der gesundheitlichen Notlage im Gefolge des neuartigen Coronavirus und der staatlichen Pflicht zum Schutz seiner Bürger. Dieser Argumentation kann jedoch mit Grund widersprochen werden, da die Zahlen, wie oben zu Risiko 1 aufgezeigt wurde, eine andere Sprache sprechen. Wenn die gesundheitlichen Folgen des Coronavirus – 55'883 Tote innerhalb von 12 Monaten bei rund 2,2 Mio. positiv Getesteten (Stand: 28.01.2021) und unbekannter Dunkelziffer – eine gesundheitliche Notlage solchen Ausmaßes darstellen, dass derartige Maßnahmen erforderlich werden, dann müssten diese konsequenterweise auch bei jeder schweren Grippewelle zum Einsatz kommen. Auch dürfte der Staat dann der Ausbreitung von Volkskrankheiten wie Bluthochdruck, Fettleibigkeit oder Diabetes nicht tatenlos zusehen, sondern müssten Regelungen zur richtigen Ernährung, täglichen Bewegung und Stressvermeidung erlassen – und durchgesetzt – werden. Dies hätte dann allerdings nichts mehr mit einem freiheitlichen System zu tun, in dem jeder Bürger eigenverantwortlich entscheidet, was er tut und lässt.

Dennoch war es bislang auch in autoritären Staaten unüblich, zur Bekämpfung einer – gesamthaft betrachtet – so geringen Gefahr flächendeckend vergleichbare Maßnahmen zu ergreifen. Und so kann es letztlich nicht verwundern, dass die Maßnahmen nicht achselzuckend hingenommen werden, sondern auf Kritik stoßen. Merkwürdig erscheint vielmehr, dass die Kritik nicht zahlreicher und lauter ist. Es steht zu vermuten, dass sie vielfach nicht öffentlich, sondern allenfalls im privaten Rahmen geäußert wird.

An der Haltung zur Angemessenheit der Regierungsmaßnahmen scheiden sich die Geister. Aufseiten der Maßnahmenbefürworter stehen weite Teile der Medien, der politischen Mitte und der Linken, aufseiten der Kritiker die politische Rechte in Gestalt der AfD und Teilen der FDP, weite Teile der alternativen Medien sowie Bürgerbewegungen wie die „Querdenken"-Initiative. Sie treten für einen Kurswechsel hin zu einem weniger autoritären und stärker freiheitlichen Ansatz beim Umgang mit dem Virus ein. Die schweigende Mehrheit verteilt sich allem Anschein nach ziemlich ungleich auf die beiden Lager. Wenn man den Umfragen zum zweiten Lockdown glauben darf, hält nur eine Minderheit von um die 15 % die ergriffenen Maßnahmen für übertrieben, während der Rest sie für genau richtig (ca. 60 %) oder sogar für nicht hart genug (ca. 25 %) hält.

Nun sind die Maßnahmen grundsätzlich zeitlich begrenzt. Sie sollen also nicht dauerhaft zur Anwendung kommen. Allerdings ist derzeit noch nicht absehbar, wie oft und wie lange sie noch angeordnet werden und ob sie in den dazwischen liegenden Zeiten ganz außer Kraft gesetzt oder nur auf ein Minimum heruntergefahren werden. Diese Unsicherheit dürfte für viele Kritiker ein wichtiger Grund für die Ablehnung der Maßnahmen sein. Hinzu kommt die verschiedentlich geäußerte Befürchtung, die Regierenden könnten Gefallen an ihrer neuen Rolle finden, weil ihre Entscheidungen nun noch mehr bzw. noch direkteren Einfluss auf das Leben der Bürger haben und ihre Bedeutung in der öffentlichen Wahrnehmung dadurch weiter gesteigert wird, weshalb sie am Fortbestand des Ausnahmezustands interessiert sein könnten. Denkbar ist außerdem, dass sich Regierung und Gesetzgeber (sowie eine Mehrheit der Bevölkerung) an das jetzige autoritäre Verhältnis zwischen Repräsentanten und Repräsentierten gewöhnen und das autoritäre Gebaren auch bei einer Beendigung des Ausnahmezustands weiter beibehalten wird, selbst wenn formal wieder vollumfänglich die grundgesetzliche Ordnung gilt.

Ein gutes Beispiel für einen solchen schleichenden Übergang ins Autoritäre ist die Handhabung der Impffrage. Anstatt lediglich für die Bereitstellung eines geeigneten Impfstoffs zu sorgen und es im Übrigen den Bürgern zu überlassen, ob und, wenn ja, wie sie sich vor einer Infektion mit dem Coronavirus schützen wollen – ob mit oder ohne Impfung –, mischt sich der Staat massiv in die Entscheidung der Bürger ein. Obwohl das Verfahren neu und wenig getestet ist (siehe Risiko 2) und obwohl selbst die Hersteller einräumen, dass die Wirksamkeit des Impfstoffs in vielerlei Hinsicht ungewiss ist, wird er von Politik und Medien nicht nur als sicher dargestellt, sondern üben Politiker und Wirtschaftsvertreter bereits offen Druck auf die Bevölkerung aus, sich impfen zu lassen. So drängte etwa der bayerische Ministerpräsident Markus Söder im Interview mit der *Süddeutschen Zeitung* am 11.01.2021 unter Übergehung des Rechts auf körperliche Unversehrtheit auf eine zumindest partielle Impfpflicht. Im Blick hatte er vor allem die Pflegekräfte in den Alten- und Pflegeheimen, unter denen es eine hohe Anzahl Impfverweigerer gebe. Statt zu fragen, warum dies so ist und ob es gute Gründe dafür geben mag – z. B. die Furcht der dort überwiegend beschäftigten Frauen vor Unfruchtbarkeit (siehe Risiko 2) –, brachte Söder den deutschen Ethikrat in Stellung und forderte ihn auf, Vorschläge zu unterbreiten, „ob und für welche Gruppen eine Impfpflicht denkbar wäre". Seiner Ansicht nach sollte die Coronaimpfung „als Bürgerpflicht angesehen werden", weshalb er sogleich noch eine staatliche Kampagne zur Förderung der Impfbereitschaft forderte.

Ob beabsichtigt oder nicht, wählt die Politik hier denselben Lösungsansatz wie beim Klimaschutz. Anstatt sich Gedanken darüber zu machen, wie mit den Folgen des Phänomens – in diesem Fall: den (Schwer-)Kranken – am besten umgegangen werden kann, setzt man alle Energie daran, die Ursache – hier: die Infektion – zu bekämpfen. Die umgekehrte Reihenfolge könnte jedoch auch hier erfolgversprechender sein, auf jeden Fall günstiger. Denn der Aufbau zusätzlicher medizinischer Kapazitäten, die Entwicklung und Umsetzung von Schutzmaßnahmen speziell für die Risikogruppe der Über-70-Jährigen und die Finanzierung der Forschung an wirksamen Therapien ist mit Sicherheit weit weniger kostenintensiv als die derzeit verfolgte Strategie, die enormen wirtschaftlichen Nebenwirkungen von Maßnahmen wie den Lockdowns aus staatlichen Mitteln zu kompensieren, schon allein aus dem Grund, dass die Finanzierung weitgehend dadurch gesichert wäre, dass die wirtschaftliche Tätigkeit der Menschen unterhalb des Renteneintrittsalters nicht eingeschränkt werden müsste, sondern wie gewohnt weitergehen könnte.

Stattdessen wird der Druck auf die Bürger, sich impfen zu lassen, weiter erhöht, indem laut über Freiheitsbeschränkungen für Nichtgeimpfte resp. deren Aufhebung nur für Geimpfte nachgedacht wird. So plädierte Bundesaußenminister Heiko Maas am 17.01.2021 in der *Bild am Sonntag* dafür, die Grundrechtseinschränkungen für Geimpfte früher aufzuheben als für Nichtgeimpfte. Ähnlich sieht das der Medizinethiker Georg Marckmann von der LMU München, zugleich Präsident der Akademie für Ethik in der Medizin. Er kann sich vorstellen, nur noch Geimpfte zu bestimmten kulturellen Veranstaltungen zuzulassen. Und es gibt auch schon erste gesetzliche Regelungen. In Sachsen-Anhalt gilt seit einiger Zeit, dass Rückkehrer aus ausländischen Risikogebieten nicht mehr in Quarantäne müssen, wenn sie die Coronaimpfung erhalten oder nachweislich innerhalb der letzten sechs Monate eine Infektion überstanden haben.

Außerhalb Deutschlands gibt es schon deutlich darüber hinausgehende Überlegungen. Da sie auch deutsche Bürger betreffen, wenn diese in die betreffenden Länder einreisen wollen, werden sie auch Einfluss auf ihre Impfentscheidung haben. Aus einigen asiatischen Ländern und mittlerweile auch aus Schweden wird bspw. die Überlegung berichtet, dass ab einem bestimmten Zeitpunkt nur noch Geimpfte ins Land gelassen werden sollen. Die kanadische Gesundheitsministerin kann sich ferner einen Impfpass vorstellen, der nur Geimpften das Reisen oder den Zugang zu Theatern und anderen Plätzen erlaubt. Derweil hat Alan Joyce, CEO der Fluggesellschaft Qantas, angekündigt, sobald ein Impfstoff massenhaft verfügbar ist, die AGB von Qantas so zu ändern, dass nur noch Geimpfte an Bord gelassen werden. Aus Schottland wird berichtet, dass von Hotelbesitzern ähnliche Überlegungen angestellt würden. Und in den USA haben einzelne Unternehmen bereits angekündigt, in Zukunft nur noch Geimpfte beschäftigen zu wollen. Der demokratische Senatsabgeordnete Joseph Vitale aus New Jersey schließlich hat seine Absicht bekundet, die Coronaimpfung für alle Schulkinder gesetzlich verpflichtend zu machen. Die Aufzählung ließe sich weiter fortsetzen.

Zusätzlicher Druck wird über die Medien erzeugt. In einigen Blättern werden die Gegner der Coronamaßnahmen im Allgemeinen und der Impfung im Besonderen schon seit längerem wahlweise als „Covidioten", „Coronaleugner", „Coronaegoisten", „Impfgegner" oder „Verschwörungstheoretiker" bezeichnet und in die Nähe von „Reichsbürgern" und „Rechtsextremen" bzw. „Rechtsextremisten" gerückt. Für Unentschiedene, die noch schwanken, ob sie sich impfen lassen sollen oder nicht, sind derartige Zuschreibungen nicht ohne Bedeutung. Die Abneigung, mit den so Bezeichneten in einen Topf geworfen zu werden, könnte für sie das ausschlaggebende Argument für die Entscheidung zur Impfung darstellen. Und nicht nur für sie. Der stigmatisierende Effekt derartiger Etikettierungen dürfte auch einige der eher impfskeptischen Zeitgenossen dazu bringen, ihre Haltung zumindest noch einmal zu überdenken.

Eine gesetzliche Impfpflicht wird ziemlich sicher nicht eingeführt werden (müssen). Um den zur Erreichung der Herdenimmunität erforderlichen Anteil – laut Gesundheitsminister Jens Spahn um die 60 % – der Bevölkerung zur Impfung zu bewegen, dürfte es ausreichen, den Preis fürs Nicht-impfen-lassen ausreichend hochzutreiben. Viele werden sich aber ohnehin freiwillig impfen lassen – sei es, weil sie einer Risikogruppe angehören und das Impfrisiko für geringer erachten als die Folgen einer Infektion, sei es, weil sie den Beteuerungen der Hersteller und Politiker zur Sicherheit des Impfstoffs glauben, sei es, weil sie generell keine Bedenken gegenüber dem neuen Impfverfahren haben. Einen Teil der Zweifler wird man durch die Lockdowns dazu bringen, sich auf eine Impfung einzulassen, schon allein aus der Hoffnung heraus, in Zukunft nicht mehr von derlei Maßnahmen betroffen zu sein. Vorstellbar ist weiter, dass die Benutzung von Flugzeug, Zug oder Straßenbahn an einen Impf- oder Immunitätsnachweis gekoppelt wird, ebenso der Besuch des Kinos, von Festivals oder Vorträgen, vielleicht sogar die Betreuung von Kindern in der Kita und in der Schule. Auch Arbeitgeber könnten die Rückkehr aus dem Homeoffice an den Arbeitsplatz an die Vorlage eines Impf- bzw. Immunitätsnachweises binden. Ähnlich könnten Kommunen bei Lehrern verfahren, wenn die Rückkehr zum Präsenzunterricht im Klassenzimmer ansteht. Ärzten und Pflegern droht laut der BR-Sendung *kontrovers* vom 9.12.2020 schon heute „als letzte Konsequenz" die Kündigung, wenn sie die Coronaimpfung verweigern.

Spätestens an diesem Punkt, wenn der Arbeitsplatz auf dem Spiel steht, dürfte für die Angehörigen der Mittelschicht die Schmerzgrenze erreicht sein. Denn auf Erwerbsarbeit kann nur verzichten, wer über ausreichend anderweitige Einkünfte bzw. Mittel verfügt. Für den Rest lautet die Alternative: Impfung oder sozialer Abstieg. Und selbst wenn man sich für Letzteres entscheidet, kann noch Druck aufgebaut werden, indem bspw. die Bewilligung des

Arbeitslosengeldes oder – auch das war schon in der Diskussion – die Gewährung eines (dann allerdings nicht mehr ganz so) bedingungslosen Grundeinkommens an die Bereitschaft zur „freiwilligen" Impfung geknüpft wird.

Was von all dem Wirklichkeit werden wird, bleibt abzuwarten. Die Frage, ob sich eine Tendenz zur autoritären Lösung entwickelt, wird sich dabei an zwei Stellen entscheiden: Werden Bund, Länder und/oder Kommunen für ihre Beamten und Angestellten Regelungen einführen, die den Nachweis der Immunität zur Voraussetzung der Weiterbeschäftigung machen? Und, zweitens, wird ein Bundesgesetz zum Verbot der Ungleichbehandlung von Geimpften und Nichtgeimpften durch die Privatwirtschaft beschlossen werden?

Die am offensichtlichsten autoritäre Maßnahme zur Förderung der Impfbereitschaft ist der Lockdown. Offen ist derzeit, wie oft bzw. wie lange dieses Mittel noch zum Einsatz gebracht werden wird, um die gewünschte Anzahl Menschen zur Impfung zu bewegen. Denn dass so verfahren werden wird, ist sehr wahrscheinlich. Die Verantwortlichen in der Politik werden sich ja stets darauf berufen können, das Infektionsgeschehen lasse ihnen keine andere Wahl, als einen weiteren Lockdown zu verhängen oder den bestehenden zu verlängern. Sollte sich dann auch noch herausstellen, dass Geimpfte nicht nur immun sind, sondern auch nicht mehr als Überträger in Frage kommen, hätten sie zudem die Möglichkeit, die Verantwortung für jeden neuen Lockdown mehr oder weniger unverblümt denjenigen zu geben, die sich trotz aller Aufforderungen noch immer nicht haben impfen lassen.

Einwände wie den des Vorstandsvorsitzenden der Kassenärztlichen Vereinigung Andreas Gassen, dass Lockdowns als langfristige Strategie zur deutlichen Reduzierung der Neuinfektionen und der Todesfälle nicht taugten, sind Außenseideransichten, die vermutlich keinen Einfluss auf die politische Entscheidung haben werden.

Ebenso steht es um die philosophische Einsicht, dass Lockdowns keine Dauerlösung sein können, da der Mensch, wie schon die alten Griechen erkannt hatten, sich neben seiner Vernunftfähigkeit auch dadurch auszeichnet, dass er auf Gesellschaft angewiesen ist: Er ist sowohl *zoon logon echon* (lat. *animal rationale*) als auch *zoon politikon* (lat. *animal sociale*).

Mit zunehmender Dauer und Häufigkeit der Lockdowns wird, so darf man annehmen, die Unzufriedenheit steigen. Mit ihr dürfte die Zahl derjenigen wachsen, die sich den Maßnahmen verweigern und offen Widerstand üben. Einen ersten Vorgeschmack darauf gaben bereits einige Einzelhändler, die sich Anfang Januar 2021 unter dem Hashtag *#wirmachenauf* gegenseitig dazu ermunterten, trotz Verbots ihre Läden ab der 2. Kalenderwoche wieder für Kunden zu öffnen. Zwar verlief die Aktion letztlich im Sande, doch dürfte es nicht die letzte ihrer Art gewesen sein. Vielleicht sieht man das auch in Regierungskreisen so und bemüht man sich deshalb – zumindest verbal – um Eile bei der Impfstoffbeschaffung. Vielleicht geht es genau darum: größere Unruhe in der Bevölkerung zu vermeiden und durch Impfen so schnell wie möglich die gewünschte Herdenimmunität herzustellen, um die Lockdown-Situation dauerhaft beenden zu können.

Nach den obigen Zahlen ist das Reservoir potenzieller Widerständler allerdings überschaubar. Von den grob 15 %, die sich in Umfragen als Gegner der Maßnahmen bekennen, trat bisher nur ein Bruchteil öffentlich in Erscheinung (bspw. als Teilnehmer einer Querdenken-Demonstration). Wie viele im Laufe der Zeit aktiv werden würden, lässt sich schwer sagen. Viele werden andere Sorgen haben, als ihre Kraft für den Kampf gegen Windmühlen zu vergeuden. Denn dass der Widerstand weder allzu viele Nachahmer noch Sympathisanten finden wird und daher allenfalls das Gegenteil des Erstrebten bewirken wird, nämlich eine weitere Verengung der Diskussion um die Maßnahmen und ggf. sogar noch deren Verschärfung und

Verlängerung, dürfte den Klügeren unter den Kritikern klar sein. Offen auftreten werden neben den Hohlen nur die Verzweifelten und die Idealisten.

Was sich dennoch bereits abzeichnet, ist die Absicht der Regierenden, Widerstand gegen die Maßnahmen, und sei er nur argumentativ, nicht nur mit Sachargumenten zu bekämpfen, sondern ihn zu kriminalisieren und entsprechend zu sanktionieren. Die eingangs geschilderten Befürchtungen sind also nicht völlig aus der Luft gegriffen. Zu diesem Zweck werden AfD und Querdenker schon mal zu Wegbereitern einer neuen Form von Extremismus und Terrorismus erklärt. Erneut sehen wir Markus Söder in der Vorreiterrolle. In einem Interview mit der *Welt am Sonntag* vom 10.01.2021 machte er deutlich, dass sich sowohl die beiden genannten Organisationen als auch deren Sympathisanten darauf einstellen sollten, demnächst vom Verfassungsschutz genauer ins Visier genommen zu werden. Nach Söder besteht nämlich die Gefahr, dass sich aus dem Umfeld der AfD heraus „in Deutschland ein Corona-Mob oder eine Art Corona-RAF bilden könnte, die zunehmend aggressiver und sogar gewalttätig werden könnte".

Mit der Wortwahl „Corona-Mob" spielt Söder erkennbar auf den sog. „Sturm aufs Kapitol" in Washington an, der wenige Tage zuvor von einer in der deutschen Presse unter anderem als „Trump-Mob" bezeichneten Menge unternommen worden war. Offenbar sieht Söder Deutschland an einem vergleichbaren Punkt angekommen, nachdem sich im August des Vorjahres Demonstranten Zugang zur Treppe des Reichstagsgebäudes in Berlin verschafft und dort mit Deutschland-, Reichs- und USA-Flaggen posiert hatten. Schon damals war dies als Angriff auf „unsere Demokratie" (Michael Müller, Regierender Bürgermeister von Berlin) verurteilt worden, angesichts der Bilder aus den USA sieht Söder nun aber erneut die Stabilität der Demokratie in Deutschland in Gefahr. Denn: „Aus bösen Gedanken werden böse Worte und irgendwann auch böse Taten. Deswegen müssen wir auch in Deutschland nicht nur die Sicherheitsmaßnahmen für die demokratischen Institutionen verbessern, sondern grundlegend die sektenähnliche Bewegung der ‚Querdenker' und anderer vergleichbarer Gruppierungen in den Blick nehmen."

Das schwere Geschütz, das Söder hier auffährt, erklärt sich besser, wenn man sich die Reaktion auf den „Sturm aufs Kapitol" in den USA anschaut. Dort hatten sowohl Joe Biden als auch diverse linksliberale Medien (wie die *Washington Post*, *Vox* oder *Mother Jones*) das Geschehen umgehend als Beispiel von *domestic terrorism* verbucht, also als „heimischen Terrorismus", der im Unterschied zum „internationalen Terrorismus" nicht von Ausländern zumeist muslimischen Glaubens verübt wird, sondern von Einheimischen, in diesem Fall von Trump-Anhängern, die, angestachelt von diesem selbst, einen „kompromisslosen Anschlag auf unsere Institutionen der Demokratie" (Joe Biden) begangen hätten. Laut *Wall Street Journal* hatte Biden – der sich selbst übrigens als den wahren Autor des *US Patriot Act* von 2001 bezeichnet, da dieser im Wesentlichen seiner Gesetzesvorlage namens *Omnibus Counterterrorism Act* entspreche, die er schon 1995 vorgelegt hatte – bereits im November 2020 angekündigt, bald eine neue *domestic terrorism bill* vorzulegen. Biden scheint demnach zu beabsichtigen, den „Sturm auf das Kapitol" als Anlass zu nutzen, um die Umsetzung dieses Punktes seiner Agenda weiter voranzutreiben.

Es steht daher zu erwarten, dass sich die USA unter Biden verstärkt um den einheimischen Terrorismus kümmern werden. Ebenso muss davon ausgegangen werden, dass sich diese Anstrengungen – ob berechtigt oder nicht – vor allem auf Angehörige des rechten Spektrums konzentrieren werden. Sie werden dadurch vermutlich genau das bewirken, das zu verhindern ihr vorgeblicher Zweck sein wird: die Polarisierung der amerikanischen Gesellschaft vertiefen. Wie tief die Gräben bereits sind, zeigen die Auseinandersetzungen um die Frage nach dem rechtmäßigen Sieger der Präsidentenwahl.

Beide Seiten sehen ihren Kandidaten als den rechtmäßigen Sieger an, weshalb sich nun, da Biden neuer Präsident ist, rund die Hälfte des amerikanischen Wahlvolks um seine Stimme betrogen fühlen und den offiziellen Präsidenten als Usurpator betrachten dürfte. Wenn Biden in dieser Situation Forderungen aus dem linken demokratischen Flügel nachkommt und einen nationalen Lockdown verhängt oder wie angekündigt versucht, den privaten Waffenbesitz stärker zu reglementieren und einzuschränken, könnte dies offenen Widerstand rechter Gruppen hervorrufen. In Staaten wie Texas streben konservative Kräfte mittlerweile offen in Richtung Sezession, und eine nicht unerhebliche Anzahl (nicht nur) rechter Kommentatoren sieht derzeit gute Chancen für einen baldigen neuen Bürgerkrieg bzw. bewaffnete Auseinandersetzungen zwischen Regierungstruppen und aufständischen Bevölkerungsgruppen.

Nun hat eine solche konfrontative Begegnung zwischen Staatsgewalt und Teilen der Bürgerschaft in den USA eine andere Dimension als in Deutschland, da dort anders als hierzulande beide Seiten bewaffnet sind, nicht nur die Repräsentanten des Staates. Hinzu kommen die vielen Veteranen und Söldner, deren Kriegserfahrung jeden Versuch des Staates, Maßnahmen mit Gewalt durchzusetzen, deutlich riskanter und den Ausgang ungewisser machen. Verstärkt wird dies zusätzlich durch den deutlich höheren Organisationsgrad und auch die viel größere Anzahl rechter Gruppen in den USA als bei uns. Die paar Tausend AfDler und Querdenker, mit denen sich, wenn es nach Söder geht, der deutsche Staat anlegen will, sind da ein deutlich leichteres Ziel. Ihnen fehlen nicht nur die Waffen, die Kriegserfahrung und die Sympathisanten in der Bevölkerung und in den Redaktionen – in den USA gibt es eine starke rechte Presselandschaft und nachweislich über 74 Mio. Trumpwähler –, sondern auch und vor allem ein ausreichend großes Reservoir an Männern im wehrfähigen Alter. Das generelle demographische Problem Deutschlands macht vor den „Bösen" (Markus Söder, siehe oben) nicht halt: Sie sind zu alt und haben zu wenig Nachwuchs.

Der Ausgang der Konfrontation, so sie denn kommt, ist daher – jedenfalls in Deutschland – vorhersehbar: Der Staat würde sich auf allen Ebenen durchsetzen. Ein gewaltsamer Umsturz der bestehenden Ordnung durch Coronakritiker steht jedenfalls nicht zu befürchten. Aber auch ein die Stabilität der Demokratie gefährdender Coronaterrorismus, wie Söder ihn an die Wand malt, ist ausgesprochen unwahrscheinlich. Die Terroristen wären der Staatsmacht nicht nur waffentechnisch himmelweit unterlegen, ihnen würde auch der für einen Umbruch nötige Rückhalt in der Bevölkerung fehlen. Das staatliche Gewaltmonopol und der Fortbestand der geltenden Ordnung scheinen daher nicht gefährdet.

Wahrscheinlicher als eine handfeste Konfrontation ist die Verabschiedung eines Gesetzes, das zum Zwecke der Vorbeugung einheimischen Terrors die öffentliche Äußerung bestimmter Ansichten unter Strafe stellt. In diesem Sinn lässt sich jedenfalls Söders Aussage von den bösen Gedanken, die erst böse Worte und dann irgendwann auch böse Taten würden, interpretieren. Anlass könnte ein tagesaktuelles Ereignis sein, bspw. ein neuerlicher Anschlag wie der von Hanau. Alternativ könnte auf Ereignisse wie den „Sturm auf den Reichstag" vom Sommer 2020 Bezug genommen werden mit dem Hinweis, so etwas dürfe sich nicht wiederholen.

Es gibt auch schon Hinweise darauf, was die Kriterien sein könnten, die eine Aussage als böse im Söder'schen Sinne qualifizieren. Zur Begründung nämlich, warum der baden-württembergische Verfassungsschutz die „Querdenken"-Bewegung observiert, führte der dortige Innenminister Thomas Strobl folgende Gründe an: weil Teile der Bewegung „staatsverachtend", „staatsfeindlich" bzw. „politikfeindlich" seien; weil sie „mit falschen Behauptungen gezielt Hass auf den Staat" schürten und daher „demokratiefeindlich" seien;

weil sie „extremistischen und verschwörungsideologischen Narrativen Vorschub" leisteten.

Sollten derart schwammige Kriterien in ein Gesetz einfließen, hätte praktisch jede öffentliche Kritik am Handeln staatlicher Funktionsträger inkriminierendes Potenzial und würde den Sprecher der Gefahr aussetzen, im Zweifel dafür belangt zu werden. Es obläge dann den Strafverfolgungsbehörden, welche Äußerungen strafrechtlich verfolgt würden und welche nicht. Und da die Staatsanwaltschaften in Deutschland den Innenministern unterstehen, läge die letzte Entscheidung darüber schlussendlich bei der Politik. Weil diese in den letzten Jahren parteiübergreifend einer grundsätzlich eher linken Agenda folgt, würden sich vor allem Rechte – Konservative, Liberale, Libertäre – in Acht nehmen und genau abwägen (müssen), wem sie ihre Ansichten offenbaren. Die Polarisierung der Gesellschaft würde weiter zunehmen – zulasten des Zusammenhalts in der Bevölkerung und zugunsten des Staates.

Käme es zu einer solchen weiteren Polarisierung, so fände diese in einer Gesellschaft statt, die schon zuvor in vielerlei Hinsicht polarisiert war und Zusammenhalt fast nur noch auf der Ebene persönlicher Bekanntschaft (Familie, Freunde, Bekannte) erkennen ließ. Vielfältige Konfliktlinien durchziehen sie. Sie verlaufen – um nur die wichtigsten zu nennen – zwischen Alten und Jungen (Fridays for Future), Frauen und Männern (Feminismus, Gender Mainstreaming), Schwulen und Heterosexuellen (Diskriminierung), Weißen und Schwarzen/Braunen (Rassismus, Diskriminierung), Deutschen und Migranten (Rassismus, Diskriminierung), Linken und Rechten („Kampf gegen rechts"). Die deutsche Gesellschaft hat einen Grad der Heterogenität erreicht, der es praktisch unmöglich macht, dass sich größere gesellschaftliche Gruppen als Widerpart gegen einen polarisierenden Staat formieren, da die Einzelinteressen zu entgegengesetzt sind. Verstärkt (und zumindest zum Teil auch verursacht) wird dieser Zustand durch die demographische

Entwicklung in Deutschland, die sich im Wesentlichen als Vergreisung und Verbuntung beschreiben lässt. Eine Gesellschaft, in der es mehr Menschen im Rentenalter (16,2 Mio.) als Unter-20-Jährige (15,3 Mio.) gibt und in der die Zahl der Einwanderer (durch Geburt und weitere Einwanderung) stetig wächst, während die Zahl der Einheimischen (durch Tod und Auswanderung) stetig sinkt, hat andere Probleme, als sich gegen einen immer dominanter auftretenden Staat zu wehren, zumal dieser von vielen als Wahrer ihrer Partikularinteressen wahrgenommen wird und ansonsten zumeist vor allem als Geldspender in Erscheinung tritt.

Für den Fall, dass es also zu der beschriebenen, vermutlich recht einseitig verlaufenden Konfrontation des Staates mit einer nochmals weiter gefassten rechten Szene kommt, dürfte sie den Staat weiter stärken. In der Wahrnehmung der Bevölkerungsmehrheit würde der Staat gegen die „Richtigen" kämpfen, zugleich könnte er sich als Garant der Aufrechterhaltung der Ordnung und als Beschützer vor dem Zerbrechen der Gesellschaft präsentieren.

Bezogen auf die Ausgangsfrage, ob in Deutschland der Übergang zu einem stärker autoritären Staat bevorsteht, lassen sich zusammenfassend vier Szenarien unterscheiden:

1. Die Befürchtungen erweisen sich als unbegründet. Während des Ausnahmezustands werden keine Anti-Terror-Gesetze beschlossen, der Ausnahmezustand endet irgendwann, die grundgesetzliche Ordnung tritt wieder umfassend in Kraft und Regierung und Parlament kehren zum Normalbetrieb zurück.
2. Die Befürchtungen bewahrheiten sich. Während des Ausnahmezustands werden Anti-Terror-Gesetze beschlossen, die die Meinungsfreiheit im oben skizzierten Sinne einschränken und die auch nach dem Ende der Pandemie weiter in Geltung bleiben und dadurch die Spaltung der

Gesellschaft verfestigen. Darüber hinaus geschieht nichts weiter, d. h. der Ausnahmezustand endet irgendwann, die grundgesetzliche Ordnung tritt wieder vollständig in Kraft und Regierung und Parlament kehren zum Normalbetrieb zurück.

3. Es kommt wie in Szenario 2, nur dass sich der Hang zu autoritären Lösungen auch nach der Beendigung des Ausnahmezustands erhält und bspw. auf das Thema Klimaschutz angewendet wird. Es wären dann zwar keine Gesetze zu erwarten, die wie bei einem Lockdown ein bestimmtes Verhalten vorschreiben und gegenteiliges Verhalten unter Strafe stellen, wohl aber Gesetze, die wie bei der Energie- und der Mobilitätswende die Handlungsoptionen der Bürger zunehmend einschränken, außerdem Regelungen, die „öffentliche Willensbildungsprozesse (Presse-, Informationsfreiheit) und die öffentliche Auseinandersetzung über politische Entscheidungen stark behindern" (Wikipedia zum politikwissenschaftlichen Verständnis des Begriffs „autoritär"), indem sie bestimmte Positionen als staats-, gesellschafts- oder menschenfeindlich markieren, ggf. auch kriminalisieren und dadurch aus dem Diskurs ausschließen.

4. Der Ausnahmezustand endet nicht. Statt einer förmlichen Beendigung des Ausnahmezustands und der ebenso förmlichen Rückkehr zum Normalzustand wird nur die Intensität der Maßnahmen zeitweilig heruntergefahren und anschließend wieder erhöht. Die Rückkehr zur grundgesetzlichen Ordnung bleibt erklärtes Ziel, das aber immer weiter in die Zukunft hinausgeschoben wird. Der Staat agiert dauerhaft autoritär.

In welche Richtung sich die Dinge entwickeln werden, hängt maßgeblich davon ab, ob ein Punkt erreicht wird, an dem die

Regierung offiziell das Ende der Pandemie erklärt und die dauerhafte Rückkehr zum grundgesetzlich vorgesehenen Normalzustand in die Wege leitet (Szenarien 1–3). Wird dieser Punkt nicht erreicht, weil bspw. die Impfungen nicht so wirksam sind wie erhofft, könnte der Ausnahmezustand noch eine ganze Weile aufrechterhalten bleiben (Szenario 4). Hierzu zählt auch ein Wechsel der Begründung des Ausnahmezustands, wenn im Anschluss an den derzeitigen gesundheitlichen Notstand bspw. der Klimanotstand erklärt wird und dann auch auf diesem Gebiet autoritäre Maßnahmen ergriffen werden.

Wie wahrscheinlich sind die jeweiligen Szenarien? Betrachtet man den Trend der letzten fünf bis zehn Jahre, erscheinen die Szenarien 1 und 2 eher unwahrscheinlich. Vom Atomausstieg (2011) über die Flüchtlingskrise (2015) bis zum „Kampf gegen rechts" in Form des Netzwerkdurchsetzungsgesetzes (2017) oder den Kohleausstieg (2020) ging der Trend dahin, Kritik am Regierungshandeln immer stärker als moralisch verwerflich und daher unzulässig zu markieren. Dieser Trend ist nicht nur in der Politik, sondern auch in der Presse erkennbar. Am Beispiel der Flüchtlingskrise wurde er 2017 in einer Untersuchung von über 30'000 Zeitungsberichten sogar nachgewiesen. Die Otto Brenner Stiftung (OBS), in deren Auftrag die Studie entstand, schrieb dazu in ihrer Pressemitteilung:

Im September 2015 schrieb die Neue Zürcher Zeitung über die Flüchtlingsberichterstattung deutscher Journalisten: „In moralischen und emotionalen Ekstasen steigerten sich die deutschen Medien mit wenigen Ausnahmen in einen Überbietungswettbewerb um Empathie und Willkommenseuphorie hinein, ohne Gedanken an den Überdruss, den derlei beim Leser erzeugen kann."

Hatte dieser neutrale Beobachter Recht? Gab es im Wahrnehmungsfeld der deutschen Journalisten einen blinden Fleck, der ihre Sicht dermaßen verzerrt hat? Diese Frage stand am Anfang einer Studie über die Flüchtlingsberichterstattung deutscher Informationsmedien.

Autor der OBS-Studie ist der über Fachgrenzen hinaus renommierte sowie international profilierte Wissenschaftler Prof. Dr. Michael Haller (Hamburg, Leipzig).

Ein zentraler Befund der laut OBS medienkritischen „Pionierarbeit" ist, dass große Teile der Journalisten ihre Berufsrolle verkannt und die aufklärerische Funktion ihrer Medien vernachlässigt haben. Studienleiter Prof. Dr. Michael Haller konkretisiert: „Statt als neutrale Beobachter die Politik und deren Vollzugsorgane kritisch zu begleiten und nachzufragen, übernahm der Informationsjournalismus die Sicht, auch die Losungen der politischen Elite".

Eine sachliche Diskussion über das Für und Wider der Aufnahme hunderttausender Flüchtlinge ist auf diese Weise nicht mehr möglich, die öffentliche Auseinandersetzung über politische Entscheidungen folglich „stark behindert", um die oben zitierte Wikipedia-Passage zum politikwissenschaftlichen Verständnis des Begriffs „autoritär" noch einmal aufzugreifen. Der Trend ging somit schon vor 2020 in Richtung einer autoritären Form der Demokratie. Szenario 3 dürfte daher am wahrscheinlichsten sein, da es diesen Trend aufgreifen und fortführen würde.

Gegen die Szenarien 1 oder 2 spricht zudem, dass die für ihre Realisierung benötigten gesellschaftlichen Kräfte, die sich für die Stärkung der Bürgerrechte und den Rückbau des Staates einsetzen, in Deutschland kaum wahrnehmbar sind. Die geringen Zustimmungswerte für FDP und AfD sowie die – von den „Querdenkern" einmal abgesehen – weitgehende Nichtexistenz regierungs- und staatskritischer Bürgerbewegungen lässt vermuten, dass sie auch über kein allzu großes Rekrutierungspotenzial verfügen.

Szenario 4 möchte man zwar intuitiv auch nach einem Jahr Coronakrise noch immer als eher unwahrscheinlich ansehen, doch hat die bisherige Risikoanalyse ja schon ergeben, dass der Weg zurück zur Normalität unter den vorherrschenden Bedingungen kein

Selbstläufer ist. Solange die Regierungen in Bund und Ländern an der Ansicht festhalten, das Coronavirus sei eine so schwerwiegende Bedrohung der Volksgesundheit, dass es wenn nicht ausgerottet, so doch mittels Impfung zumindest neutralisiert werden müsse, ehe man zur Normalität zurückkehren könne, wird jeder Wiederanstieg bei der Zahl der positiv Getesteten zu neuerlichen Maßnahmenverschärfungen führen. Diese drohen angesichts der sehr niedrigen Inzidenzwerte, die man als kritische Schwellenwerte festgelegt hat, schon bei sehr wenigen Neuinfektionen innerhalb kurzer Zeit. Wenn vor diesem Hintergrund die jetzt anlaufenden Impfungen nicht die erhoffte Wirkung entfalten oder wenn immer neue Mutationen immer neue Impfungen erforderlich machen, kann es leicht über einen längeren Zeitraum zu einem Auf und Ab von Maßnahmenverschärfungen und zeitweiligen Lockerungen kommen. Über kurz oder lang dürfte auch die Frage gestellt werden, warum der Staat auf andere Viruserkrankungen wie bspw. die Grippe anders reagiert als auf das Coronavirus. Dann könnten in der kalten Jahreszeit auch schwere Grippewellen zumindest regional für weitere Lockdowns sorgen. Und vielleicht werden irgendwann auch Maßnahmenpakete für sommerliche Hitzewellen ersonnen, die ja ebenfalls hohe Opferzahlen fordern. So gab es erst im August 2020 aufgrund der hohen Temperaturen in Deutschland 4'237 mehr Sterbefälle als im Schnitt der Jahre 2016–2019.

Das wahrscheinlichste Szenario ist Szenario 3. Es entspricht ziemlich genau dem, was wir eingangs als Befürchtung freiheitlich-libertärer und rechtsstaatlich-konservativer Kreise beschrieben haben: der Entstehung einer DINO, eine *democracy in name only*. **Weil starke Gegenkräfte zu ihrer Verhinderung nicht erkennbar sind und der Trend der letzten Jahre ebenfalls in diese Richtung weist, nehmen wir eine hohe Eintrittswahrscheinlichkeit für dieses Risiko an (Skalenwert 4, gewichtet: 7).**

Was wären die Auswirkungen einer solchen Entwicklung? Die in rechten Kreisen vielfach befürchtete Tribalisierung, der Zerfall des Landes in mehr oder weniger unabhängige „Stammesgebiete" je eigener kultureller Prägung und Rechtsprechung, die untereinander und mit der – dann allerdings schwachen – Staatsmacht in teils bewaffnetem Konflikt stehen, ergibt sich daraus eher nicht. Trotz der vermutlich zunehmenden Polarisierung der Gesellschaft fehlt für ein solches Szenario die erforderliche Masse an jungen Männern, die die vielfältigen Konflikte physisch austragen. Das Gleiche gilt für einen bewaffneten Bürgeraufstand gegen den Staat oder gar für einen Bürgerkrieg. Die Voraussetzungen hierfür sind in Deutschland in keiner Hinsicht gegeben, weder demographisch (das Durchschnittsalter beträgt 45,7 Jahre) noch ausrüstungstechnisch (die Bevölkerung ist weithin unbewaffnet) noch mental (aufgrund der tendenziell pazifistischen Erziehung der letzten 50 Jahre).

Wahrscheinlicher dürfte die weitere Stärkung des Staates sein, der den Laden auch dann noch zusammenhält, wenn die Gesellschaft weiter zersplittert. Je uneiniger die Bürger untereinander sind, desto mehr sind sie auf die einigende Kraft des Staates angewiesen. Was auf längere Frist (d. h. innerhalb der nächsten 10–20 Jahre) freilich möglich ist, ist eine Übernahme der Staatsgewalt durch eine andere gesellschaftliche Gruppe. Insbesondere Migranten kämen hierfür in Frage. Ein starker Staat stellt in einer zersplitterten und polarisierten Gesellschaft eine lohnendere Beute dar als ein schwacher, und so könnten sich Migrantengruppen, die über eine ausreichend große Kohäsion verfügen, zusammentun, um gemeinsam eine Mehrheit zu erlangen. Sie könnten dafür eine eigene Partei gründen oder die Plattformen der etablierten Parteien nutzen, die ihnen schon seit längerem den roten Teppich ausrollen und zur „Teilhabe" aufrufen.

Zu rechnen sein wird auch mit einem wachsenden Misstrauen sowohl zwischen den polarisierten gesellschaftlichen Gruppen untereinander als auch gegenüber den Vertretern des Staates. Trotz des ubiquitären Du, mit dem der Bürger von Regierung und Polizei auf Plakaten und in sozialen Medien angesprochen wird, dürfte der Kontakt distanzierter werden. Die Leute werden sich erst absichern wollen, ehe sie sich einem anderen offenbaren. Gegenüber den Entwicklungen der letzten Jahre ist dies jedoch nur eine graduelle Veränderung, die die Befürworter eines autoritären Staates („es geht ja gegen die Richtigen") kaum bemerken dürften.

Auch wenn die Auswirkungen sich daher aus subjektiver Perspektive mitunter als eher gering darstellen mögen, sind sie objektiv betrachtet doch als hoch anzusehen, immerhin würde Szenario 3 bedeuten, dass die freiheitliche demokratische Grundordnung (FDGO) des Grundgesetzes de facto durch eine weniger freiheitliche und stärker autoritäre Ordnung ersetzt würde. *Weil die FDGO aber schon vor der Coronakrise unter Druck geraten war und daher eine Rückkehr zur Normalität von vor 2020 auch eine Rückkehr zu dieser angeschlagenen Ordnung bedeuten würde, setzen wir zur Bewertung der Auswirkungen dieses Risikos den Skalenwert 3 („mittel", gewichtet: 2) an. Die Kritikalität des Risikos liegt somit bei 14 („mittel").*

Bei der Auswahl der Strategie zum Umgang mit diesem Risiko steht unser fiktives Projektteam vor denselben Schwierigkeiten wie schon öfters zuvor. Um den Gang der Dinge zu ändern, bedürfte es eines Politikwechsels, den herbeizuführen die Kräfte einer kleinen Mannschaft bei Weitem übersteigt. Hinzu kommt, dass bei dem vorliegenden Risiko zusätzlich zum Politikwechsel auch ein gesellschaftlicher Wandel erforderlich wäre, der den Politikwechsel tragen und letztlich für eine Reform des politischen Systems selbst sorgen müsste. Angesichts des nicht erkennbaren Willens eines größeren Teils der Bevölkerung, einen solchen Wandel einzufordern, liegen die Erfolgsaussichten für das Projektteam auch hier nahe null. Da die Option der Auswanderung wie üblich ebenfalls entfällt, wird das Projektteam das Risiko vermutlich *akzeptieren* müssen und keine weitere Energie auf seine Abmilderung verwenden. Die Idealisten im Team könnten allenfalls versucht sein, durch Öffentlichkeitsarbeit die politische Meinungsbildung in ihrem Sinne zu beeinflussen und dadurch doch etwas dafür zu tun, das Risiko *abzumildern*. Sollte sich das Risiko jedoch materialisieren, werden die Handlungsspielräume selbst hierfür kleiner werden.

Risiko 8: Terrorismus

Das Risiko, in Deutschland Opfer eines Terroranschlags zu werden, ist sehr gering. Legt man die Zahlen zugrunde, die correctiv.org auf Basis von BKA-Angaben für den Zeitraum 2010–März 2020 veröffentlicht hat, gab es in diesen etwas mehr als zehn Jahren 18 Todesopfer rechter Gewalt, 1 Todesopfer linker Gewalt und 20 Todesopfer islamischer Gewalt. Laut Wikipedia hat es seither nur ein weiteres Anschlagsopfer gegeben, nämlich den deutschen Touristen, der im Oktober 2020 bei einem Messerattentat durch einen jungen Syrer in Dresden ums Leben kam.

(Anmerkung: Zur besseren Lesbarkeit des Textes lassen wir in diesem Kapitel die ganzen -ismen bei der Bezeichnung der ideologischen Ausrichtung der Terroristen weg und sprechen von rechtem, linkem und islamischem Terror statt von rechtsextremistischem, linksextremistischem oder islamistischem Terror; dass es sich bei allen potenziellen wie tatsächlichen Tätern um Extremisten handelt, sollte offenkundig sein.)

Da die BKA-Statistik nicht zwischen Anschlägen und sonstigen ideologisch motivierten Tötungen unterscheidet, sind die genannten Zahlen Maximalwerte. Nicht alle in der Statistik erfassten Getöteten müssen zwangsläufig Opfer eines Terroranschlags geworden sein. Für den Bereich der islamischen Gewalt lässt der Vergleich mit den Zahlen des Verfassungsschutzes bspw. vermuten, dass darin auch 5 Beziehungstaten enthalten sein könnten.

Die Zahl der vom BKA als Gefährder eingestuften Personen, denen schwere Gewalttaten bis hin zu Anschlägen zugetraut werden, entwickelt sich in den verschiedenen Bereichen sehr unterschiedlich. Während die Zahl der rechten Gefährder immer weiter ansteigt und derzeit (Stand: Oktober 2020) bei „rund 70" liegt, bleibt sie im linken Spektrum relativ konstant bei 5 (Stand: November 2020) und geht sie im islamischen Bereich seit zwei Jahren konstant zurück auf derzeit (Stand: Oktober 2020) 620, wovon sich zum Zeitpunkt der Erhebung jedoch nur 350 in Deutschland aufhielten.

Trotz der rückläufigen Tendenz geht somit rein zahlenmäßig weiterhin die größte Terrorgefahr von islamisch-religiös motivierten Gefährdern aus. Das Schrumpfen dieser Gruppe könnte man allerdings als Hinweis darauf sehen, dass auch ihr Gefährdungs-potenzial sinkt und der Anschlag auf den Berliner Weihnachtsmarkt am Breitscheidplatz im Dezember 2016 das Maximum dessen darstellt, was islamischer Terror in Deutschland aus- und anzurichten vermag. Für die Zukunft wäre daher mit weniger Opfern islamischer Anschläge zu rechnen. Wegen der steigenden Zahl rechter Gefährder stünden stattdessen mehr Opfer rechter Gewalt zu erwarten.

Größere Anschläge sind in Deutschland allerdings sehr selten. Wenn man die offiziellen Zuschreibungen beibehält, ragen beim rechten Terror die Anschläge von Halle (2 Tote) und Hanau (11 Tote inklusive des Täters und seiner Mutter) heraus, beim islamischen Terror der Anschlag auf den Weihnachtsmarkt am Breitscheidplatz in Berlin (12 Tote). Dimensionen wie bei den Anschlägen in Madrid 2004 (191 Tote), Paris 2015 (137 Tote) oder Nizza 2016 (87 Tote) wurden hierzulande nie erreicht.

Ein Grund für die vergleichsweise geringen Opferzahlen besteht darin, dass in Deutschland Einzeltäter dominieren, die zudem häufig wenig „professionell" vorgehen. Vom Organisations-, Koordinations- und Komplexitätsgrad her sind die bisherigen Anschläge in

Deutschland weit entfernt von Ereignissen wie 9/11 oder den Anschlägen vom 13. November 2015 in Paris, als mehrere Attentäter an fünf verschiedenen Orten fast zeitgleich Anschläge verübten, darunter auf ein Konzert im Bataclan-Theater und auf das Stade de France, wo gerade ein Freundschaftsspiel der deutschen gegen die französische Nationalmannschaft stattfand. Die Anschläge von New York und Washington am 11. September 2001 ragen ohnehin wie Solitäre aus der Landschaft des Terrors. Weder davor noch danach hat islamischer Terrorismus je auch nur annähernd Vergleichbares geschafft. (Dies dürfte auch ein wesentlicher Grund sein, warum es bis heute vielen schwerfällt, die Zuschreibung dieser Anschläge an 19 junge Araber, die im Auftrag und Namen Al-Qaidas gehandelt haben sollen, zu glauben, und weshalb sich hartnäckig die Ansicht hält, es habe sich um einen *inside job* des amerikanischen Geheimdienstes gehandelt.)

Das Risiko, dass sich in Deutschland in absehbarer Zeit ein Terroranschlag ereignet, der aufgrund seiner Dimensionen das Potenzial hätte, die Rückkehr zur Normalität zu gefährden (oder nach Wiederherstellung der Normalität zu einem erneuten Ausnahmezustand zu führen), erscheint vor diesem Hintergrund sehr gering. Deutlich wahrscheinlicher ist es, dass sich ein weiterer kleinerer Anschlag mit nur wenigen Toten und/oder Verletzten ereignen wird. Gemäß der *Liste von Terroranschlägen in Deutschland* auf wikipedia.de gab es seit 2015 in Deutschland jedes Jahr mindestens einen bzw. zwei entsprechende Anschläge.

Die Wahrscheinlichkeit eines Anschlags steigt mit dem Druck, der durch Politik, Medien und Verfolgungsbehörden auf die betreffenden Gruppen gemacht wird. Wer die Vereitelung seines Vorhabens fürchten muss, zugleich aber der vollen medialen Aufmerksamkeit gewiss sein kann, der schreitet schneller zur Tat als einer, der sich sicher fühlt und noch auf den geeigneten Zeitpunkt wartet. Ein Anschlag aus dem rechtsterroristischen Milieu heraus dürfte daher derzeit wahrscheinlicher sein als ein linksideologisch oder islamisch-religiös motivierter. Sollte sich Deutschland aber dazu entschließen, der französischen Marschroute zu folgen und ebenfalls in den „Krieg gegen den Islamismus" (Gérald Darmanin, Innenminister Frankreichs) zu ziehen, würde die Wahrscheinlichkeit für einen islamischen Anschlag sicher steigen.

Grundsätzlich bewerten wir die Eintrittswahrscheinlichkeit für einen neuerlichen (kleineren) Terroranschlag in Deutschland – aus welcher ideologischen Motivation heraus auch immer er begangen werden mag – mit dem Skalenwert 3 („mittel", gewichtet: 5). Er läge im Trend der vergangenen Jahre und ergäbe auch unter dem Gesichtspunkt des zunehmenden Drucks insbesondere auf potenzielle Attentäter aus dem rechten Spektrum Sinn.

Die Auswirkung eines solchen Anschlags auf das Projekt „Deutschland 2021" wäre aufgrund seines vermutlich geringen Ausmaßes gering bis nicht existent. Solange sich in Deutschland kein Anschlag der Dimension 9/11 oder Paris 2015 ereignet und es auch nicht zu einer Anschlagsserie mit einer Vielzahl kleinerer Anschläge innerhalb kurzer Zeit kommt, ist nach menschlichem Ermessen nicht von einer tatsächlichen Gefährdung der staatlichen Ordnung auszugehen, auch wenn genau dies vom Täter beabsichtigt sein mag und seine Tat daher juristisch als „staatsgefährdende Gewalttat" eingestuft würde (§ 89a StGB: „Eine schwere staatsgefährdende Gewalttat ist eine Straftat gegen das Leben [...] oder gegen die persönliche Freiheit [...], die nach den Umständen bestimmt und geeignet ist, den Bestand oder die Sicherheit eines Staates oder einer internationalen Organisation zu beeinträchtigen oder Verfassungs-grundsätze der Bundesrepublik Deutschland zu beseitigen, außer Geltung zu setzen oder zu untergraben."). In der Praxis bzw. in der Wahrnehmung der Bevölkerung dürfte ein solcher Terroranschlag schnell als gewöhnlicher versuchter oder vollendeter Mord bzw.

Mehrfachmord gelten, der sich von vergleichbaren Gewalttaten allenfalls graduell unterscheidet.

Im konkreten Einzelfall werden die Auswirkungen auf die Gesamtgesellschaft davon abhängen, aus welcher ideologischen Richtung der Anschlag kommt. Ist er linksideologisch motiviert, würde der Gang der Dinge vermutlich nicht nennenswert beeinflusst. Zu rechnen ist mit offiziellen Beileidsbekundungen gegenüber den Angehörigen der Opfer sowie Politikerreden, die jede Gewaltausübung, egal aus welcher Gesinnung heraus, verdammen. Mehr würde aller Voraussicht nach nicht geschehen. Das legt zumindest der aktuelle Umgang mit Gewalt aus dem linksextremen Spektrum nahe. So hat der Leipziger Oberbürgermeister Burkhard Jung dem linksanarchistischen Milieu der Stadt zugeschriebene Aktionen wie insbesondere das Inbrandstecken dreier Baukräne auf einer Großbaustelle und den tätlichen Angriff auf eine Immobilien-Prokuristin in ihrer Privatwohnung wiederholt als Terror bezeichnet. Nachdem Linke im September 2020 an drei aufeinanderfolgenden Abenden in Leipzig randaliert hatten, kam der sächsische Verfassungsschutz zu einem ähnlichen Urteil und konstatierte eine steigende Gewaltbereitschaft der linksextremistischen Szene Leipzigs. Eine Sprecherin der Behörde nannte es besorgniserregend, „dass Linksextremisten nicht nur Sachbeschädigungen fest in ihre Strategie einkalkulieren, sondern mittlerweile auch Personenschäden billigend in Kauf nehmen" (Quelle: Leipziger Volkszeitung (lvz.de) vom 07.09.2020). Über konkrete Maßnahmen zur Reduzierung dieses Gewaltpotenzials, die über den konkreten lokalen Bezug hinausgehen, bspw. eine Gesetzesinitiative auf Bundesebene, ist bislang aber nichts bekannt geworden.

Bei einem islamisch-religiös motivierten Anschlag ergäbe sich vermutlich weitgehend dasselbe Bild. Der ehemalige Bundesinnenminister Thomas de Maizière merkte bereits 2017 an, dass die Deutschen „auf Dauer mit der terroristischen Gefahr" würden „leben müssen", was ja nichts anderes heißt, als dass (im damaligen Fall: islamischer) Terror in Deutschland zur Normalität gehört. Eine andere Situation ergäbe sich, wenn Deutschland näher an die Position Frankreichs heranrücken sollte. Dann könnte es durchaus so sein, dass ähnliche Maßnahmen wie in Frankreich beschlossen werden, wo unter anderem die Auflösung radikaler Vereine, die staatliche Überwachung der Finanzierung von Moscheen, die Pflicht zur Ausbildung der Imame im Inland, Arabisch-Unterricht an staatlichen Schulen und die Pflicht für Kinder zum Besuch staatlich anerkannter Schulen geplant sind. Auf die nicht direkt vom Anschlag betroffene Bevölkerung würde dieser vermutlich kaum Auswirkungen haben, zu groß dürfte der Gewöhnungseffekt bereits sein. Zudem haben heute viele Nichtmuslime muslimische Freunde oder Bekannte, die sich glaubhaft und sicher auch aufrichtig von derartigen Taten distanzieren, sodass im subjektiven Empfinden vieler das Bedrohungspotenzial durch radikale Muslime als eher gering eingeschätzt werden dürfte.

Sollte sich ein Anschlag von rechts ereignen, würde dies vermutlich wie in den USA als *domestic terrorism* verbucht werden und die in Risiko 7 geschilderte Entwicklung weiter beschleunigen. Je mehr Opfer zu beklagen sind, desto schneller ist mit einer entsprechenden Gesetzesvorlage, die bereits das Äußern bestimmter Meinungen unter Strafe stellt, zu rechnen.

Die Auswirkungen liegen unterm Strich somit im Bereich zwischen sehr gering (Skalenwert 1) und mittel (Skalenwert 3). ***Da von einem Anschlag letztlich keine grundsätzliche Gefährdung des Projetziels, in Deutschland zur Normalität zurückzukehren, ausgeht, nehmen wir seine Auswirkungen mit dem Skalenwert 2 („gering", gewichtet: 1) in die Risikobetrachtung auf. Daraus ergibt sich eine Kritikalität des Terrorismusrisikos von 5 („gering").***

Als Antwortstrategie empfiehlt sich für unser fiktives Projektteam in diesem Fall sicher das *Akzeptieren* des Risikos. Zum einen stellt es keine ernsthafte Bedrohung des Projektziels dar, zum anderen wäre der Aufwand zu seiner Vermeidung exorbitant groß und außerhalb allem, was ein kleines Team von Bürgern leisten kann. Denn um das Risiko von Anschlägen zu minimieren oder gar auszuschließen, wäre eine umfassende Befriedung und Harmonisierung der Bevölkerung erforderlich, an der schon ganze Generationen von Pädagogen, Integrationshelfern und Experten für Extremismusprävention gescheitert sind.

Auf individueller Ebene wird sich auch nicht viel mehr machen lassen, als gefährdete Orte zu meiden. Zusätzlich kann versucht werden, die politische Richtung des Landes durch sein Wahlverhalten so zu ändern, dass das Risiko von Anschlägen aus der einen oder anderen Richtung minimiert wird. Wie schlecht die Aussichten dabei aber stehen, lässt die Politik der vergangenen Jahre erkennen, die sich ja explizit dem Kampf gegen den Rechtsextremismus verschrieben hat, tatsächlich aber zu einer steigenden Anzahl rechter Gefährder geführt hat (siehe oben). Es wird also auch für den einzelnen Bürger darauf hinauslaufen, das Risiko zu akzeptieren.

Risiko 9: Krieg

Während vom Terrorismus selbst im Fall eines Anschlags kein allzu großes Risiko für die Rückkehr Deutschlands zur Normalität ausgeht, verhält es sich beim Krieg offenkundig deutlich anders. Er müsste nicht einmal auf deutschem Boden stattfinden, um gravierende Auswirkungen zu haben. Ein Krieg an den Grenzen Europas und unter Einbeziehung der EU würde hierfür bereits ausreichen.

Wer aufmerksam die Nachrichten verfolgt, stellt fest, dass viele Länder in den letzten Jahren ihre Rüstungsbemühungen verstärkt haben. Um nur einige Beispiele zu nennen: Die USA planen eine erhebliche Vergrößerung ihrer Kriegsflotte; Russland stellt regelmäßig neue Waffensysteme vor, zuletzt einen neuen Panzer; China hat in den letzten Jahren seine Flotte vergrößert; und Taiwan tätigte erst kürzlich die größte Waffenbestellung seiner Geschichte bei den USA.

Nur weil mehr gerüstet wird, muss das aber nicht zwangsläufig auf eine Konfrontation hinauslaufen. Im Kalten Krieg wurde ja ebenfalls jahrelang aufgerüstet, ohne dass der kalte zu einem heißen Krieg wurde. Allerdings vermied man damals weitgehend das Zündeln, das in jüngster Zeit an vielen Ecken der Welt zu beobachten ist: Aserbaidschan und Armenien führten erst kürzlich einen heißen Krieg gegeneinander; die Türkei drang 2020 wiederholt mit Schiffen in von Griechenland beanspruchte Gewässer ein, um dort nach Erdgas zu suchen, und provozierte im Frühjahr des Jahres einen Grenzkonflikt am Ebros, als sie syrische Flüchtlinge zum Grenzübertritt ermunterte, den Griechenland letztlich zwar verhinderte, bei dem es aber auch mehrfach zu Schüssen türkischer Grenzpolizisten in Richtung Griechenland kam; im Nahen Osten herrscht eine angespannte Lage, die jederzeit in einen heißen Krieg eskalieren kann, nicht zuletzt, wenn sich die Serie von Attentaten auf Menschen und Einrichtungen im Iran fortsetzen sollte, für die der Iran Israel bzw. die USA verantwortlich macht; in Libyen droht eine direkte Auseinandersetzung zwischen der Türkei und Ägypten, evtl. auch mit dessen Unterstützer Russland; eine ähnliche Situation herrscht in Syrien, wo noch dazu auch US-Soldaten stationiert sind; an der chinesisch-indischen Grenze kam es in den letzten Monaten immer wieder zu Kämpfen und Toten; chinesische Kampfjets dringen regelmäßig in japanischen Luftraum ein; und im Südchinesischen Meer haben sich die Spannungen zwischen den USA und China im letzten Jahr so weit verschärft, dass der australische Senator Jim Molan innerhalb des laufenden Jahrzehnts eine militärische Konfrontation der USA mit China erwartet – die Taiwanfrage könnte hierzu jederzeit Anlass bieten. Es liegen also eine ganze Menge Lunten herum, und es bedarf nicht allzu viel, um die eine oder andere in Brand zu stecken.

Auch in Europa scheint etwas in der Luft zu liegen. Frankreichs Staatschef Emmanuel Macron kündigte in einem Interview am 4. Dezember 2020 in Bezug auf die nächste französische Präsidentenwahl im Frühjahr 2022 an: „Vielleicht werde ich nicht kandidieren können. Vielleicht werde ich im letzten Jahr, in den letzten Monaten, schwierige Dinge tun müssen, weil die Umstände es erfordern und die es mir unmöglich machen, zu kandidieren. Ich schließe nichts aus." Auf welche Informationen oder Pläne Macron diese Prognose stützt, ist unklar, ebenso, ob er hier mehr an die Coronakrise, den Kampf gegen den radikalen Islam oder eine militärische Auseinandersetzung dachte.

Ähnlich verhält es sich mit Angela Merkels jüngster Neujahrs-ansprache. Nachdem sie schon vor längerer Zeit angekündigt hatte, 2021 nicht mehr kandidieren zu wollen, erklärte sie nun, dies sei „aller Voraussicht nach" ihre letzte Neujahrsansprache. Wir wissen nicht, welche Zukunftsszenarien Merkel zu dieser Formulierung verleitet haben, auch nicht, ob es militärische waren, sie müssen aber dazu geeignet sein, das Abhalten der Bundestagswahl zu gefährden und Merkel dadurch länger im Amt zu halten.

Ein wenig mehr Klarheit besteht über die Grundlagen der Prognosen von deagel.com, einer anonymen Website, die vor allem unter verschwörungstheoretisch Interessierten über einige Prominenz verfügt. Neben Nachrichten aus der Flugzeug- und Waffenindustrie stellt sie technische und industrielle Informationen zu einer Vielzahl von Verkehrsflugzeugen und Waffensystemen bereit und bewertet anhand von Militärausgaben sowie von Import- und Exportvolumina die Fähigkeit von 189 Ländern zur Produktion und zum Kauf von Militärausrüstung. Wohl um eine Hilfe zur Abschätzung der zukünftigen Potenziale zu geben, werden ferner zwei Länderlisten geführt, eine mit Kennzahlen für das Jahr 2019 und eine mit den prognostizierten Kennzahlwerten für das Jahr 2025. Die Kennzahlen umfassen die Bevölkerungszahl, das reale BIP, den Verteidigungsetat und die Kaufkraftparität in US-Dollar.

Laut Selbstauskunft wird deagel.com von ebenso wirtschafts- wie regierungsfernen Idealisten betrieben, die lediglich frei zugängliche Informationen verarbeiten. Auf deren Basis kommen sie allerdings zu erstaunlichen Prognosen, etwa der, dass Deutschland im Jahr 2025 nur noch 28 Millionen Einwohner haben werde. Bemerkenswerterweise wurde diese Prognose nicht erst vor dem Hintergrund der aktuellen Coronakrise abgegeben, sondern schon 2018. Sechs Jahre zuvor, beim ersten „Forecast 2025" im Jahr 2012, lag der prognostizierte Bevölkerungsrückgang noch bei ca. 2 % (-1,6 Mio.). 2015 wurde er dann auf 41 % (-32,9 Mio.) hochgesetzt, wodurch sich die für 2025 vorhergesagte Bevölkerungszahl von zuvor 79 Millionen auf nur mehr 48 Millionen verringerte. Zwischen April 2015 und April 2018 wurde dieser Wert dann in mehreren Schritten auf die noch heute angezeigten 28 Millionen herunterkorrigiert.

Als Quellen, aus denen die Macher der Website ihre Informationen beziehen, werden das Pentagon, das US-Außenministerium, die CIA, die Weltbank und die Europäische Union genannt. Aus deren offiziellen Verlautbarungen lassen sich demnach Entwicklungen ablesen, die für Deutschland nur katastrophal genannt werden können. Wie anders sollte man einen Rückgang der Bevölkerung um 65 %, des realen BIP um 90 % und der Kaufkraftparität um 71 % bezeichnen? Und nicht nur Deutschland scheint von dieser Katastrophe betroffen sein, sondern der ganze Westen: Für die USA wird ein Bevölkerungsrückgang von 70 % vorhergesagt, für Frankreich von 42 %, für Großbritannien von 78 %, für Italien von 31 %, für Kanada von 30 % und für Australien von 40 % – um nur einige zu nennen. Im Rest der Welt soll demgegenüber demographisch alles mehr oder weniger unverändert bleiben, wie ein Blick auf Länder wie Russland (-0,3 %), China (-2 %) oder Indien (+1 %) zeigt.

Nun könnte man angesichts der vorwiegend militärischen Ausrichtung der Website auf den Gedanken kommen, für die Prognosen seien im weitesten Sinne militärische Erwägungen ursächlich, also Kriegshandlungen in den Ländern des Westens. Dem ist tatsächlich so, allerdings erst seit Ende September 2020. Zuvor enthielt die Website zur Erklärung ihrer Prognosen, die ansonsten völlig unkommentiert präsentiert werden, einen auf den 26. Oktober 2014 datierten Disclaimer, der den Einbruch bei den Bevölkerungs-zahlen auf eine Finanzkrise enormen Ausmaßes zurückführte. Seit 2007, so die in diesem Disclaimer vertretene These, habe sich eine Finanzkrise zusammengebraut, die nun unmittelbar bevorstehe und die in einen Kollaps des westlichen Finanzsystems münden und einen Massenexodus aus den USA bewirken werde. Zur Begründung hieß es damals:

The collapse of the Western financial system will wipe out the standard of living of its population while ending ponzi schemes such as the stock exchange and the pension funds. The population will be hit so badly by a full array of bubbles and ponzi schemes that the migration engine will start to work in reverse accelerating itself due to ripple effects thus leading to the demise of the States. This unseen situation for the States will develop itself in a cascade pattern with unprecedented and devastating effects for the economy. [...] We see a significant part of the American population migrating to Latin America and Asia while migration to Europe – suffering a similar illness – won't be relevant. Nevertheless the death toll will be horrible.

Interessanterweise erwähnte der Disclaimer auch ein Pandemie-Szenario, allerdings nur, um, wie es in einer etwas kryptischen Formulierung hieß, den Unterschied zwischen der „Quantität" der numerischen Daten und einem „'Qualitäts'-Modell" zu veranschaulichen, welches nicht direkt in Zahlen übersetzt werden könne. Damit sollte anscheinend ausgedrückt werden, dass auch die (quantitativen) Zahlenangaben der Prognosen von qualitativen Erwägungen bei der Modellierung des Zukunftsszenarios beeinflusst sind. So habe die Ebola-Epidemie von 2014 eine Sterberate von 40–50 % aufgewiesen, allerdings nur, weil sie örtlich stark begrenzt geblieben sei und dadurch den relativ wenigen Betroffenen medizinisch sehr gut habe geholfen werden können. Bei einer weltweiten Verbreitung des Ebola-Virus würde eine solche medizinische Intensivbetreuung nicht mehr für alle Patienten möglich sein, wodurch die Sterberate vermutlich auf 80–90 % anstiege. Veränderte „qualitative" Aspekte (hier: der medizinischen Versorgung der Erkrankten) führen demnach im Modell zu veränderten „quantitativen" Ergebnissen (hier: einer erhöhten Sterberate). Allerdings legten die Autoren Wert auf die Feststellung, dass ihr Szenario weder eine Pandemie noch einen Atomkrieg beinhalte.

Statt einer Gesundheitskrise nahm das Szenario von 2014 eine ökonomische Krise als Ursache der Bevölkerungsreduktion an. Es steht damit nicht in Widerspruch zur heutigen Realität, wo die Gesundheitskrise ja auch weit weniger dramatisch auszufallen scheint, als zunächst vielleicht zu befürchten stand, während die staatlichen Gegenmaßnahmen, insbesondere das als Lockdown bezeichnete Herunterfahren der Wirtschaftstätigkeit, eine Finanzkrise heraufbeschwören könnten, die nach Ansicht einiger Beobachter durchaus das bei deagel.com angenommene Ausmaß erreichen könnte. Jedenfalls lassen sich auf einschlägigen Websites wie zerohedge.com schon länger Szenarien nachlesen, die in der Folge der derzeit praktizierten Flutung der Märkte mit Geld und der gleichzeitig nur mühsamen stattfindenden Erholung der Realwirtschaft mit einem Börsencrash (= dem Platzen der Blase aus überbewerteten Unternehmen, bei denen der Aktienkurs in keinem angemessenen Verhältnis zu den Fundamentaldaten mehr steht, weil zu viel Geld auf dem Markt ist und den Investoren bei der Suche nach Anlagemöglichkeiten die werthaltigen Angebote ausgehen), einer weiteren Bankenkrise, Massenarbeitslosigkeit und schließlich einem vollständigen Crash des jetzigen Finanzsystems bis hin zur Abschaffung des US-Dollars als Leitwährung und einer Rückkehr zu einer goldgedeckten Währung rechnen. Zugleich zeigt sich, dass bei der Modellierung des Szenarios von deagel.com schon die beiden zentralen Komponenten der heutigen Situation, die Pandemie und die Finanzkrise, auf dem Tisch lagen, sie wurden nur nicht miteinander verknüpft.

Der Disclaimer von 2014 kündigte ferner an, die Auswirkungen der Finanzkrise würden die Älteren besonders hart treffen:

Take into account that the Soviet Union's population was poorer than the Americans nowadays or even then. The ex-Soviets suffered during the following struggle in the 1990s with a significant death toll and the loss of national pride. Might we say "Twice the pride, double the fall"? Nope. The American standard of living is one of the highest, far more than double of the Soviets while having added a services economy that will be gone along with the financial system. When pensioners see their retirement disappear in front of their eyes and there are no servicing jobs you can imagine what is going to happen next. At least younger people can migrate. Never in human history were so many elders among the population. In past centuries people were lucky to get to their 30s or 40s. The American downfall is set to be far worse than the Soviet Union's one. A confluence of crisis with a devastating result.

Diese demographische Krise werde die Welt in naher Zukunft treffen und drei bis acht Jahrzehnte andauern, während derer sich die Bevölkerungszahlen kaum veränderten. Letztlich sei das ganze

Geschehen Teil einer weltgeschichtlichen Verlagerung des kulturellen Zentrums weg von den USA und hin nach Asien, was, wie immer bei solch fundamentalen Veränderungen, mit einer großen Zahl an Toten einhergehe:

Over the past two thousand years we have witnessed the Western civilization built around the Mediterranean Sea shifting to Northern Europe and then by the mid 20th century shifting to an Atlantic axis to finally get centered into the States in the past 30 years. The next move will see the civilization being centered in Asia with Russia and China on top. Historically a change in the economic paradigm has resulted in a death toll that is rarely highlighted by mainstream historians. When the transition from rural areas to large cities happened in Europe many people unable to accept the new paradigm killed themselves. They killed themselves by a psychological factor. This is not mainstream but it is true. A new crisis joins old, well known patterns with new ones.

So viel zum Szenario von 2014. Seit dem 25. September 2020 gibt es einen neuen Disclaimer auf deagel.com. Er löste den alten ab, weil, wie es gleich zu Anfang heißt, sich das Szenario seit 2014 dramatisch verändert habe. Zum einen wisse man dank COVID-19 nun, dass westliche, von Liberalismus und Multikulturalismus geprägte Gesellschaften tatsächlich keine Not (*hardship*) mehr ertragen könnten, nicht einmal mehr eine leichte. Was man früher nur vermutet habe, sei nun Gewissheit. Solche Gesellschaften verfügten über keine „Resilienz" und würden nur mehr durch „übermäßigen Konsum und schwere Dosen bodenloser, als Tugend getarnter Degeneriertheit" zusammengehalten. Daher müsse im Fall des 2014 prognostizierten finanzwirtschaftlichen Kollapses von einem Verlust von 50–80 % der Bevölkerung ausgegangen werden, je nachdem, wie „divers" und multikulturell die Gesellschaften bereits seien.

(Einschub: Die Begriffe „divers" und „multikulturell" werden in dem Text synonym zu „heterogen" verwendet, während homogene Gesellschaften als „kompakt" bezeichnet werden. Deutschland mit seinem Migrantenanteil von etwas über 25 % (zusammen 21,2 Mio. Ausländer und Deutsche mit Migrationshintergrund) wird ein Bevölkerungsrückgang von zwei Dritteln (67 %) prophezeit. Es wird von den Autoren somit als fortgeschritten heterogen und, da die Alten ja besonders betroffen sein sollen, überaltert angesehen.)

Zum anderen sei klar geworden, dass die Coronakrise dazu benutzt werde, das Leben des sterbenden westlichen Finanzsystems zu verlängern. Hierzu diene der sog. Great Reset:

The Great Reset [...] is another attempt to slow down dramatically the consumption of natural resources and therefore extend the lifetime of the current system. It can be effective for a while but finally won't address the bottom-line problem and will only delay the inevitable. The core ruling elites hope to stay in power which is in effect the only thing that really worries them.

Als Beginn des Niedergangsprozesses werden die US-Präsidentschaftswahlen 2020 angesetzt, wobei dem Ausgang keine wesentliche Bedeutung zugemessen wird. Es gebe genug „böses Blut" in den westlichen Gesellschaften, und die „Proteste, Demonstrationen, Aufstände und Plünderungen" (gemeint sind offenbar die Ausschreitungen im Zusammenhang mit den Black-Lives-Matter-Protesten) seien nur die ersten Symptome dessen, was kommt.

Es gebe jedoch noch einen neuen Trend, der diesen überlagere: Russland und China hätten sich militärisch und wirtschaftlich zu einer strategischen Allianz zusammengeschlossen. Russland bereite sich schon seit 2008 auf einen größeren Krieg vor, und China habe seine militärischen Fähigkeiten seit mindestens 20 Jahren immer weiter ausgebaut. Heute stehe China sowohl militärisch als auch wirtschaftlich mit den USA auf einer Stufe, ja sei in Teilen sogar weit

voraus. Während ein größerer Krieg 2014 noch sehr unwahrscheinlich gewesen sei, sei er heute „das bei weitem wahrscheinlichste
größere Ereignis der 2020er Jahre".

Der Krieg könne auf zwei Weisen entstehen: durch einen
konventionellen Konflikt zwischen mindestens zwei Großmächten,
der sich zum offenen Atomkrieg ausweitet; oder durch einen
Überraschungsangriff Russlands auf die USA und ihre Verbündeten
irgendwann zwischen 2025 und 2030.

Als weiterer und möglicherweise entscheidender Faktor bei der sich
anbahnenden Katastrophe wird die tief im westlichen Selbstbild
verankerte Überzeugung von der unangefochtenen eigenen
moralischen und technologischen Überlegenheit gesehen. Sie werde
zu falschen Schlüssen und Schritten verleiten:

*Over the next decade it will become obvious that the West is falling
behind the Russia-China block and the malaise might grow into
desperation. Going to war might seem a quick and easy solution to
restore the lost hegemony to finally find them into a France 1940
moment. Back then France did not have nuclear weapons to turn a
defeat into a victory. The West might try that swap because the
unpleasant prospect of not being Mars and Venus but rather a bully
and his dirty bitch running away in fear while the rest of the world is
laughing at them.*

Zum Abschluss heißt es lapidar:

*If there is not a dramatic change of course the world is going to
witness the first nuclear war. The Western block collapse may come
before, during or after the war. It does not matter. A nuclear war is a
game with billions of casualties and the collapse plays in the hundreds
of millions.*

Nun kann man mit gutem Grund einwenden, diesem knappen Text
fehle es doch erheblich an Gehalt, das sei lediglich Angstmacherei

irgendwelcher Verschwörungstheoretiker oder Spaßvögel im Netz, mehr nicht. Vom kommenden Krieg sprechen aber auch durchaus seriöse und ernstzunehmende Leute. Den australischen Senator Jim Molan hatten wir oben bereits erwähnt. Ein weiterer ist der Chef des US Strategic Command (STRATCOM), Vizeadmiral Charles Richard. In den *Proceedings*, dem monatlichen Magazin des US Naval Institute, schrieb er in der Ausgabe von Februar 2021 über die Notwendigkeit der USA, sich mit der Möglichkeit eines Konflikts und auch eines Atomkriegs mit China oder Russland auseinanderzusetzen. Beide Länder verfolgten ihre nationalen Machtstrategien mit aggressiven Mitteln und setzten sich dabei über international gültige Normen hinweg, was angesichts ihrer wachsenden militärischen Kapazitäten in einen offenen Konflikt münden könnte, wenn sich die USA dem nicht aktiv entgegenstellten.

Faced with Russia and China's growing threats and gray zone actions, the United States must take action today to position itself for the future. We must start by acknowledging that our most fundamental assumption – that strategic deterrence will hold, even through crisis and conflict – is going to be tested in ways not seen before. This assumption is the foundation on which we built strategies, plans, and capabilities. Unfortunately, our opponents invested in nuclear and strategic capabilities designed to constrain U.S. actions, test our alliances, and, if necessary, escalate past us – to include nuclear use. There is a real possibility that a regional crisis with Russia or China could escalate quickly to a conflict involving nuclear weapons, if they perceived a conventional loss would threaten the regime or state. Consequently, the U.S. military must shift its principal assumption from "nuclear employment is not possible" to "nuclear employment is a very real possibility," and act to meet and deter that reality. [...]

Sein Vorschlag zur Verhinderung einer solchen Situation ist altbekannt: Die USA müssten dafür sorgen, dass sie ihren Gegnern waffentechnisch stets einen Schritt voraus seien, um die nötige

Abschreckung zu erzielen – vor allem im Bereich der Atomwaffen, aber auch bei Weltraum- und Internetwaffen.

Nach dem Politiker Jim Molan und dem Militär Charles Richard soll mit Ray Dalio im Folgenden noch ein Mann aus der Finanzwelt vorgestellt werden, der für die nächste Zeit ebenfalls die sehr reale Möglichkeit eines größeren militärischen Konflikts sieht. Ray Dalio ist Chef von Bridgewater Associates, eines der weltgrößten Hedgefonds. Er ist mit seinem Unternehmen mehrfacher Milliardär geworden, gehört also nachweislich zu den Besten seiner Branche. Die Hedgefonds-Branche wiederum lebt ganz wesentlich von der richtigen Vorhersage der Zukunft, vom Aufspüren der prägenden Trends. Nur wer die Zeichen der Zeit schnell und richtig deutet, hat mit seinen Investitionen Erfolg – umso mehr, je früher er den kommenden Trend erkennt. Man darf also davon ausgehen, dass Dalio nicht nur über sehr gute Analyse- und Prognosefähigkeiten verfügt, sondern auch über hervorragende Informationen. Informationen und ihre Verarbeitung sind sein Geschäft.

Dieser Ray Dalio nun hat ein wirtschaftshistorisches Modell zum Aufstieg und Fall von Imperien entwickelt, an dem er sich bei seiner Interpretation der Wirklichkeit orientiert.

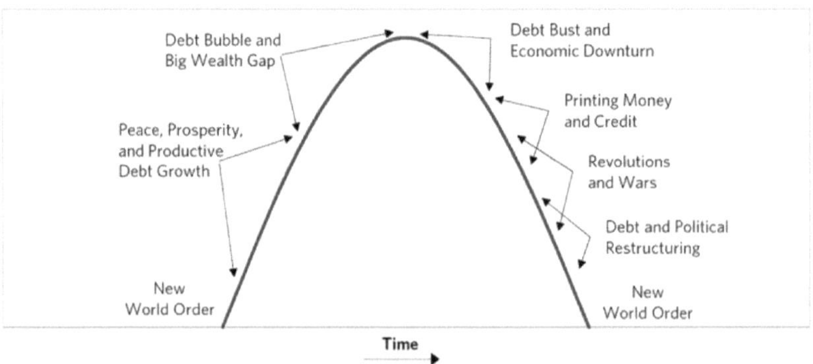

Abbildung 6: Ray Dalios wirtschaftshistorisches Modell (Quelle: https://www.zerohedge.com/geopolitical/ray-dalio-warns-capital-war-between-us-and-china-would-hit-dollar)

Es beginnt stets mit der Errichtung einer neuen Weltordnung, auf die eine Phase des Friedens und der Prosperität folgt. Im Zuge des weiteren Aufstiegs vergrößert sich die Schere zwischen Arm und Reich und entsteht eine Schuldenblase, mit deren Platzen der Niedergang beginnt. Vergeblich wird der ökonomische Abschwung mit Gelddrucken und großzügiger Kreditvergabe aufzuhalten versucht: Erst folgen Revolutionen und Kriege, dann die Restrukturierung der Schulden und der politischen Ordnung – eine neue Weltordnung ist geboren und der Zyklus beginnt von vorne.

Nach diesem Modell befinden wir uns derzeit im Abschwung, genauer: am Übergang von „Printing Money and Credit" zu „Revolutions and War". Das zeigt nicht zuletzt die nachfolgende Darstellung seines Modells mit Jahreszahlen, die allerdings nicht von Dalio selbst stammen.

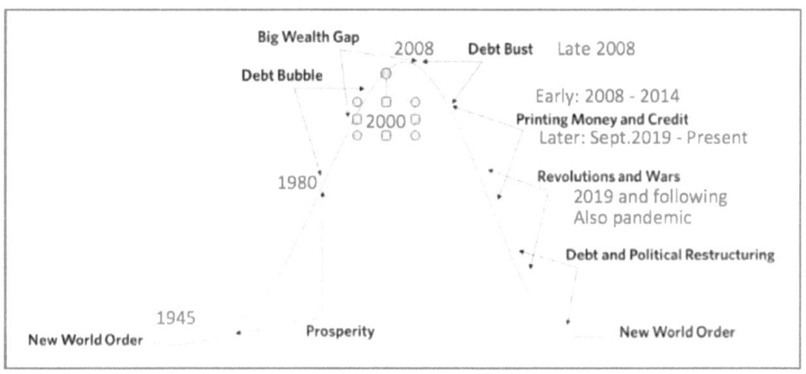

Abbildung 7: Ray Dalios wirtschaftshistorisches Modell mit Jahreszahlen (Quelle: https://www.zerohedge.com/economics/tverberg-why-great-reset-based-green-energy-isnt-possible)

Dass aber auch Dalio selbst den Westen in diesem Bereich seines Modells verortet, machte er im April 2020 mit seiner Einschätzung deutlich, die Coronakrise sei schwerwiegender als die Finanzkrise von 2008 und werde zu einer wirtschaftlichen Depression wie in der Weltwirtschaftskrise von 1929 ff. führen. Der im Modell skizzierte

Schuldenzyklus habe eine Dauer von 75 Jahren, und aktuell sei die Welt wieder an dem Punkt, dass ein solcher Zyklus zu Ende gehe. Er rechne mit einer Zeit des Übergangs zu einer neuen Weltordnung von etwa drei Jahren, während der eine erhöhte Gefahr für politische Spannungen bis hin zu Bürgerkriegen und Kriegen bestehe.

Dalio scheint seinem Modell voll zu vertrauen. Kein Wunder daher, dass er sich laut Wikipedia „in den vergangenen Jahren öffentlich als Kritiker des US-amerikanischen Kapitalismus zu Wort gemeldet" hat. Wer davon ausgeht, dass die Zeit der kapitalistischen Wirtschaftsordnung in ihrer angelsächsischen Lesart abgelaufen ist, kann sie freimütig kritisieren – auch wenn sie es war, die ihn reich gemacht hat.

Im Unterschied zum Deagel-Disclaimer gehören in Dalios Modell Finanzkrise und Revolution bzw. Krieg unmittelbar zusammen, sie sind Funktionen einer gemeinsamen Entwicklungslogik. Nach dieser Logik ist der Krieg, insbesondere der Krieg des Herausforderers gegen den Hegemon, ein wenn auch nicht notwendiger, so doch logischer und plausibler Schritt hin zu einer neuen Weltordnung. Er bereitet den Boden für einen Neuanfang, der ähnlich schnell und grundlegend ohne Krieg kaum möglich wäre. Eine Revolution oder ein Bürgerkrieg im Land des Hegemons würden ähnlich wirken, die Imperialmacht und die von ihr garantierte Ordnung würden dann lediglich von innen heraus statt von außen her zerstört werden.

Selbst wenn es nun aber in der näheren Zukunft zu einem Bürgerkrieg in den USA oder zu einer militärischen Konfrontation der USA mit China kommen sollte, was hätte das mit Europa und Deutschland zu tun? Das ist in der Tat ungewiss. Allerdings würde eine inner-amerikanische Auseinandersetzung und noch viel mehr ein Krieg zwischen den USA und China sowohl die EU als auch Deutschland dazu zwingen, für die eine oder andere Seite Partei zu ergreifen. Man wird sich nicht für neutral erklären können, im Fall eines Krieges ohnehin nicht, da mit den USA ein NATO-Partner involviert wäre. Es kann gemutmaßt werden, dass sich eine solche Konfrontation tatsächlich recht schnell zu einem Weltkrieg ausweiten würde. Wie genau und mit welchem voraussichtlichen Verlauf, müssen Militärexperten abschätzen.

Etwas anders wäre die Lage, wenn sich die USA unter Biden von China ab- und wieder verstärkt Russland als Hauptfeind zuwenden würden. In diesem Fall wäre es eher der osteuropäische Raum – Ukraine, Weißrussland, Balkan –, wo sich eine Konfrontation anbahnen könnte. Dann wären die EU und Deutschland von Anfang an sehr direkt betroffen.

Ebenso verhielte es sich für den Fall einer neuerlichen Zuspitzung des Konflikts zwischen der Türkei und Griechenland. Hier ist noch keine Lösung in Sicht und dürfte auf absehbare Zeit die Möglichkeit einer kriegerischen Auseinandersetzung bestehen bleiben. Falls eine solche tatsächlich einträte, wird es interessant sein zu beobachten, wie sich die vielen hunderttausend Türken und Deutschtürken in Deutschland verhalten werden.

Sollte es zu einem Krieg kommen, in den Deutschland mittelbar oder unmittelbar involviert ist und der sich entweder an den Außengrenzen der EU oder gar auf deren Territorium abspielt, werden die Auswirkungen auf das Projekt „Deutschland 2021" sehr hoch sein (Skalenwert 5, gewichtet: 8). Die Eintrittswahrscheinlichkeit für ein solches Ereignis lässt sich aber nur schwer schätzen. Angesichts der Spannungen innerhalb der USA, die ja nach wie vor die hauptsächliche Schutzmacht sowohl EU-Europas als auch insbesondere Deutschlands sind, der vielen Krisenherde weltweit und rund um Europa sowie der weltweiten ökonomischen Krise infolge der Coronabekämpfungsmaßnahmen, deren Ausmaß sich noch nicht genau erkennen lässt, die aber durchaus dazu geeignet sein könnte, das eine oder andere Land zu außergewöhnlichen

Schritten zu verleiten, sollte man sie jedoch nicht zu gering ansetzen. *Da ein Kriegsszenario derzeit dennoch nicht in dem Maße erkennbar ist wie etwa das einer Bankenkrise, stufen wir die Eintrittswahrscheinlichkeit vorerst als „gering" (Skalenwert 2, gewichtet: 3) ein.*

Insgesamt ergibt sich damit eine Kritikalität des Kriegsrisikos von 24 („hoch").

Die abschließende Frage, welche Strategie das Projektteam beim Umgang mit diesem Risiko wählen sollte, ist schnell beantwortet. Außer der Strategie, das Risiko zu *akzeptieren*, bietet sich keine realistische Option an. Die Weltpolitik wird sich nicht durch eine Handvoll deutscher Bürger ändern lassen, schon gar nicht schnell.

Schlussbetrachtung

Nehmen wir alle Ergebnisse der Risikoanalyse und bringen wir sie in Tabellenform, so ergibt sich das folgende Bild.

Tabelle 3: Risikoregister des Projekts „Deutschland 2021"

Risiko	Titel	Wahrscheinlichkeit		Auswirkung		Kritikalität	Antwortstrategie(n)
		Skalenwert	gewichtet	Skalenwert	gewichtet		
R1	Coronavirus	1	1	2	1	1	abmildern
R2	Coronaimpfung	1	1	4	4	4	akzeptieren, vermeiden
R3	Neue Pandemie	1	1	3	2	2	abmildern, akzeptieren
R4	Hyperinflation	3	5	5	8	40	abmildern, akzeptieren
R5	Bankenkrise	3	5	5	8	40	abmildern, akzeptieren
R6	Transformation	3	5	5	8	40	abmildern, akzeptieren
R7	DINO	4	7	3	2	14	abmildern, akzeptieren
R8	Terrorismus	3	5	2	1	5	akzeptieren
R9	Krieg	2	3	5	8	24	akzeptieren

Anhand der Übersicht, die das Risikoregister bietet, erkennt man leicht, dass die kritischsten der neun behandelten Risiken die drei wirtschaftlichen Risiken sind: Hyperinflation, Bankenkrise und Transformation der Wirtschaft. Sie alle sind abgeleitete Risiken, die ihre Brisanz aus Quellen beziehen, die außerhalb ihrer selbst liegen. Hyperinflation und Bankenkrise verdanken sich ganz wesentlich der expansiven Geldpolitik seit der Finanzkrise von 2007/08 – die Coronabekämpfungsmaßnahmen und der durch sie enorm gestiegene Finanzbedarf der öffentlichen Hand haben hier nur als Brandbeschleuniger gewirkt. Die Transformation der Wirtschaft beruht auf den beiden Thesen von der unmittelbar bevorstehenden Klimakatastrophe einerseits und der Notwendigkeit zur CO_2-Vermeidung anderseits. Ohne diese Voraussetzungen käme ihnen heute nicht die Relevanz zu, die sie gemäß der Risikoanalyse haben.

Wir hatten festgestellt, dass man sich als Einzelperson zumindest in Bezug auf die Risiken Hyperinflation und Bankenkrise ein wenig absichern kann, dass zu ihrer generellen Vermeidung oder zumindest Abmilderung ansonsten aber ein Politikwechsel erforderlich wäre, den zu bewirken außerhalb des für das Projektteam realistisch Machbaren liegt.

Das Risiko mit dem zweithöchsten Kritikalitätswert ist der Krieg. Bei ihm hilft nur, zu hoffen, dass er nicht oder nicht so bald kommen möge, denn etwas Wirksames gegen ihn unternehmen kann weder das Projektteam noch der einzelne Bürger.

Gefolgt wird der Krieg von Risiko 7, dem Abschied von der freiheitlichen Demokratie in Deutschland und dem Übergang zu einer stärker autoritären Herrschaftsform. Allerdings hatten wir als wahrscheinlichstes Szenario eine Fortsetzung des langjährigen Trends zur Bevormundung der Bürger ausgemacht, was letztlich eine nur graduelle Veränderung des Zustands von vor der Coronakrise bedeuten und eine Rückkehr zur Normalität in Deutschland nur bedingt gefährden würde.

Bleiben die Risiken mit geringem Gefährdungspotenzial für das Projekt „Deutschland 2021". Erstaunlicherweise finden wir hier nicht nur den Terrorismus vor, sondern auch sämtliche Gesundheitsrisiken, insbesondere dasjenige, das den Hauptgrund für die Errichtung des Ausnahmezustands darstellt, das Coronavirus. Es weist sogar die geringste Kritikalität von allen auf und nimmt in der Rangfolge der Risiken nach ihrer Kritikalität den letzten Platz ein.

Aus der Sicht des Risikomanagers im Projekt „Deutschland 2021" sollte der Erreichung des Projektziels somit eigentlich nichts im Wege stehen. Die Behauptung, die Gefährlichkeit des Coronavirus rechtfertige den Ausnahmezustand, hält einer Risikobetrachtung auf Ebene der Gesamtbevölkerung nicht stand. Die Einschränkung „auf Ebene der Gesamtbevölkerung" ist freilich wichtig: Aus Sicht des Einzelnen wird die Risikoabschätzung je nach persönlicher Disposition mitunter ganz erheblich von unserem Ergebnis abweichen. Wir haben gesehen, dass gerade für Personen im Rentenalter eine vergleichsweise große Gefahr vom Coronavirus ausgeht. Die vorliegende Risikoanalyse betrachtet die Situation aber nicht unter dem Blickwinkel des Einzelnen – wie es ja auch nicht das Ziel des Projektes ist, die Überlebenschancen jedes einzelnen Einwohners Deutschlands zu maximieren –, sondern unter dem Blickwinkel des Landes und der Gesamtheit seiner Einwohner. Bei der Beurteilung der Risiken, die eine Rückkehr zur Normalität gefährden und daher für eine Aufrechterhaltung des Ausnahmezustands sprechen, wurden folglich die Auswirkungen auf die gesamte Bevölkerung betrachtet, nicht nur auf einen Teil davon. Es wurde untersucht, ob die Auswirkungen so viele Einwohner betreffen oder eine ausreichend große Gruppe so stark, dass Einschränkungen für alle Einwohner gerechtfertigt sind. Das aber, so können wir als Ergebnis unserer Analyse festhalten, ist derzeit nicht der Fall.

„Derzeit" – auch diese Einschränkung ist wesentlich. Eine Risikoanalyse bildet den Wissensstand zu einem bestimmten Zeitpunkt ab. Sie muss regelmäßig überprüft und bei Bedarf aktualisiert werden, wenn neue Erkenntnisse vorliegen und sich ein neuer Wissensstand ergeben hat. So wird man das Impfrisiko (Risiko 2) in ein bis zwei Jahren sicher anders bewerten. Vielleicht haben sich bis dahin auch neue relevante Risiken ergeben, die mit in das Risikoregister aufgenommen werden müssten. Aus diesem Grund ist eine überarbeitete Auflage der vorliegenden Risikoanalyse für etwa Mitte 2021 geplant.

Dass der Ausnahmezustand in Deutschland bis dahin beendet sein wird, erscheint momentan wenig wahrscheinlich. Wie wir sahen, bestehen kaum realistische Möglichkeiten für den Einzelnen oder ein Projektteam ohne entsprechende Vernetzung in die Reihen der politischen Entscheider hinein, einen schnellen politischen Kurswechsel zu bewirken. Vielleicht sehen wir Mitte des Jahres aber schon etwas klarer, wie lange der Ausnahmezustand noch aufrechterhalten werden soll und welche Perspektiven sich für eine Rückkehr zur Normalität auftun. Es bleibt spannend.

Abschließend noch drei Hinweise zum besseren Verständnis der Risikobewertungen:

1. Eine niedrige Eintrittswahrscheinlichkeit bedeutet nicht, dass ein Risiko nicht eintreten kann. Umgekehrt bedeutet eine hohe Eintrittswahrscheinlichkeit nicht, dass es eintreten muss.
2. Risiken können sich wechselseitig verstärken oder abmildern, partiell oder vollumfänglich. In den Kapiteln zu den einzelnen Risiken finden sich hierzu einige Hinweise und Andeutungen, wir haben die Bezüge aber nicht überall explizit gemacht.
3. Man kann die gleiche Analyse wie für die Risiken auch für die Chancen in einem Projekt machen. Wir haben hier davon abgesehen, weil wir die Gefahren untersuchen wollten, die eine Rückkehr zur Normalität erschweren oder verhindern können, nicht die Chancen, die eine solche Rückkehr erleichtern könnten. Zu einem gewissen Ausmaß ist der Chancenaspekt gleichwohl in dieser Risikoanalyse bereits enthalten, da bei den Abwägungen zur Schwere der Auswirkungen oder zur Eintrittswahrscheinlichkeit der Risiken auch berücksichtigt wurde, was für eine schnellere oder mit weniger Substanzverlust einhergehende Rückkehr zur Normalität in Deutschland spricht.

Nachwort

Ich bin mir der Schwächen dieses Buches bewusst. Einige Passagen sind zu ausführlich, andere zu knapp; einige Übergänge sind holprig; der Sprachstil ist nicht überall einheitlich; weitere Risiken hätten aufgenommen werden können, vielleicht müssen.

Für alles gibt es Gründe, im Wesentlichen sind es aber deren zwei: Erstens habe ich mich beim Schreiben hier und da eigener Vorarbeiten bedient, die ich teils wörtlich übernommen, teils abgeändert, gekürzt oder ergänzt habe, um sie diesem Text anzupassen. Nicht immer konnte ich dabei den Kollagencharakter unsichtbar machen. Das hat mit dem zweiten Grund zu tun: Ich wollte das Buch ursprünglich bereits zu Neujahr 2021 veröffentlichen. Da ich aber erst im November auf die konkrete Idee dazu kam und nur abends und nachts sowie an den freien Stunden der Wochenenden daran arbeiten konnte, wurde ich nicht wie geplant zum Jahreswechsel fertig. Ich wollte das Buch aber so schnell wie möglich veröffentlichen, um zu sehen, ob und, wenn ja, welche Reaktionen es hervorrufen würde. Und da ich ohnehin eine zweite, überarbeitete Auflage vorgesehen habe, nahm ich die noch bestehenden Mängel in Kauf.

Einen Aspekt möchte ich abschließend noch hervorheben: Alle Aussagen dieses Buches sind nicht als Wertung darüber gemeint, ob bestimmte Entwicklungen gut oder schlecht sind. Die Intention ist, Risiken zu beschreiben, die eine Rückkehr zur „alten" Normalität erschweren oder evtl. sogar verhindern. Wie ich persönlich dazu stehe, ist davon zunächst einmal unberührt.

Meinrad Böhl

Leipzig, am 18. Februar 2021

Quellen

118

Auf detaillierte Quellenangaben soll hier verzichtet werden. Durch die Übernahme der entsprechenden Passagen oder Nennung von Namen und Stichwörtern aus dem Text sollten sich die Zitate, Paraphrasen und Zahlenangaben bei Bedarf jedoch leicht googeln lassen.